U0637232

成长型企业
如何打造
强势品牌

杜忠◎著

ZHEJIANG UNIVERSITY PRESS
浙江大学出版社

图书在版编目（CIP）数据

成长型企业如何打造强势品牌 / 杜忠著. -- 杭州：
浙江大学出版社，2022.6
　ISBN 978-7-308-22452-9

　Ⅰ．①成… Ⅱ．①杜… Ⅲ．①品牌－企业管理－研究
Ⅳ．①F273.2

中国版本图书馆CIP数据核字(2022)第048794号

成长型企业如何打造强势品牌

杜　忠　著

策　　　划	杭州蓝狮子文化创意股份有限公司
责任编辑	黄兆宁
责任校对	陈　欣
封面设计	张志凯
出版发行	浙江大学出版社
	（杭州市天目山路148号　　邮政编码　310007）
	（网址：http://www.zjupress.com）
排　　版	杭州林智广告有限公司
印　　刷	杭州钱江彩色印务有限公司
开　　本	710mm×1000mm　1/16
印　　张	17.75
字　　数	197千
版 印 次	2022年6月第1版　2022年6月第1次印刷
书　　号	ISBN 978-7-308-22452-9
定　　价	59.00元

浙江大学出版社市场运营中心联系方式：0571-88925591；http://zjdxcbs.tmall.com

谨以此书献给

每一位信仰价值、砥砺前行的工业（B2B）企业家和优秀营销人！

推荐序

成为客户心智中的首选或唯一选择

品牌是什么？现代营销学之父科特勒在《市场营销学》中是这样定义品牌的：品牌是销售者向购买者长期提供的一组特定的特点、利益和服务。从汉语角度讲，品牌首先是"品"字。"品"既指品质，又指口碑。品牌既靠自身打造，又需要购买者对购买的产品与服务形成价值评价并进行传播。

工业品区别于快消品，需要品牌吗？需要营销吗？德国一些世界知名工业品生产企业普遍认为，只要把产品品质做好了，是不需要品牌，不需要营销的。但品质的认知来自客体，而不是自我，市场对产品品质的认知不就是品牌塑造与营销的过程吗？显然，说工业品无须营销有些偏颇。但又有些人说，只要营销做得好，没有卖不出去的产品。但许多只注重营销的公司"眼看他起高楼，眼看他宴宾客，眼看他楼塌了"。

其实，无论前者还是后者，都把品牌理解得过于狭隘了，甚至在品牌建设与广告推广之间画上了等号，这显然是不对的。

当下的中国，作为全球第二大经济体、世界第一制造大国，还有许多卡脖子技术尚未攻克，时不时还被诟病工业大而不强，我们为此汗颜。当下的中国，广大中小工业企业处于转型升级的关键时期，既先天不足，又后天增长乏力，许多企业茫然无措，充满忧虑。中小企业如何在强国战略中实现自己的担当？如何实现自己的可持续增长？本书既从"道"的层面讲述了中小工业企业为什么要进行品牌建设，又从"术"的层面结合中小工业企业特点阐述了如何进行品牌建设，似乎给我们指明了一条路，开启了一扇窗。

值得一提的是，作者反复在阐述一个底层逻辑，那就是让工业品营销回归商业的本质：以客户为中心，为客户创造价值。这样才能让营销成为有源之水、有根之木、有肉之躯，这样企业的品牌建设才会有载体、有灵魂、有生命、有活力。

营销是一门艺术，也是一门技术，打造强势品牌是目的，更是过程。中国经济社会发展进入新时代，工业品品牌建设也进入了"新四化"阶段，那就是"规范化、体系化、高效化、价值化"。在"新四化"建设过程中，我们要发挥匠人精神，守住初心，回归本质，尊重常识，砥砺前行，为打造强势品牌而努力，为成为客户心智中的首选或唯一而努力！

河南省金太阳精密铸业股份有限公司总经理

宋向阳

前　言

PREFACE

当你翻开这本书的时候，我最想对你说的一句话是："久违了，亲！"

书籍像一座桥梁，将冥冥中有着共同的兴趣、爱好，甚至信仰，但远在天边的我们连接在了一起。那份他乡遇故知的默契，那份海内存知己、天涯若比邻的坦然与踏实，让人顿生欢喜。

我耗费了无数个日夜，写下这本书，就是为了在茫茫人海中找到你，与你一起交流和研讨：工业（B2B）企业如何打造强势品牌？

作为工业（B2B）企业家、营销高管、市场总监、市场经理、销售经理，面对如下问题，你的心中是否有了答案？

什么是品牌？工业（B2B）企业品牌打造和快消品品牌打造有何区别？

为什么说品牌像灯塔，可以帮我们降低工业（B2B）企业经营的不确定性？

为什么说品牌是工具，可以帮我们破解产品同质化低价竞争难题？

公关定高度、传播定广度、销售定深度背后的逻辑是什么？

从市场调研、品牌定位、品牌塑造到品牌升级该如何操作？

工业（B2B）企业该如何配置品牌运营团队？其日常工作该如何安排？

……

本书主要针对上述问题，结合本人 20 余年在工业（B2B）企业一线实际工作以及面向数百家工业（B2B）企业提供陪伴式顾问服务和咨询培训的经验，做了深入思考和梳理，希望能对你有启发和帮助。

在时间被碎片化割裂的今天，写一本书的过程无疑是痛苦的，但想到能在未来某个时刻，遇到如知己般的你，以及千千万万信仰价值、砥砺前行，希望靠专业创造价值、靠自己的努力赢得客户尊敬的工业（B2B）企业家、优秀营销人的时候，心里是喜悦的，热血是沸腾的，人生如此，夫复何求？

感恩遇见。

目　录

CONTENTS

方法篇　工业（B2B）企业强势品牌打造七步法

运营篇 | **市场部与工业（B2B）企业品牌运营**

认知篇

工业（B2B）企业为什么要
打造强势品牌？

随着一众工业（B2B）企业大呼"产能过剩、产品同质化严重"，市场的重心发生了革命性的转移——客户的话语权越来越大，终于有能力用脚投票，且越来越有能力选择"情投意合"的好供应商，"共度这一生"。

工业（B2B）企业营销，也正在发生质的变化！

竞争焦点与过往大不相同。以往，我们强调功能、质量、价格，而今，我们越来越强调服务体验、情感沟通、三观一致；以往，市场竞争比拼的是产品和价格，而今，市场竞争的焦点是市场调研、客户研究、客户互动、营销策略、技术储备、产品研发、品牌满意度……

工业（B2B）企业营销不再是一个人的战斗。对工业（B2B）企业来讲，做好上述转变，显然不是"老板一个眼神，下面遍地烽火"的传统模式能解决的，需要有能力贴近客户需求的市场营销团队和机制保障。

在工业（B2B）企业的营销过程中，基本形成了共创共赢的新型客户关系。在原材料价格上涨、劳动力成本上升、环保压力持续加大、市场需求升级的大背景下，以产品为重心的王婆卖瓜式的推销忽悠少了，称斤论两式的指标炫耀少了，而以客户为重心的推心置腹式的营销沟通多了，直指问题式的价值分享多了。从而，曾经如履薄冰的"交易型"单向客户关系，转化成为能够共同应对市场波动和风险的"伙伴型"共创客户关系，让营销变得更加可持续；从而，营销的本质发生了根本性的转变——从"签约成交—销售搞定"到"建立合作伙伴关系"。

总的来说，对客户来讲，工业（B2B）企业营销以心换心，比没事献殷勤强百倍。此时，打造强势品牌，就成为工业（B2B）企业必然的选择——因为这样能够让我们的好一目了然，能够让客户的选择更简单，从而，也就让我们与目标市场和客户群的价值沟通更容易。最终，工业（B2B）企业实现业绩可持续增长变得水到渠成。

第一章
强势品牌能驱动业绩可持续增长

驱动企业经营业绩可持续增长的逻辑可以分为三个层次：小逻辑、中逻辑、大逻辑。

小逻辑是指通过训练销售技能、优化激励方式来提高单兵作战技能，从而获得销售业绩的提升。中逻辑是指通过科学排兵布阵、优化营销策略来提高营销协同作战能力，从而通过营销系统能力的提升来达成销售业绩的增长。大逻辑是指通过对企业经营环境、行业趋势、目标市场、客户、竞争者，以及企业自身的洞察，来明确品牌定位；并以此为共识，在企业家的引领下，在骨干团队团结一致的努力下，凝心聚力为"好客户"创造不可替代的价值；持之以恒地与目标市场、目标客户群沟通和传递这种价值，通过敏捷迭代不断为客户创造价值、帮客户降本增效来实现企业经营业绩的可持续增长。

毫无疑问，工业（B2B）企业家心里最期待的，当然是大逻辑。

品牌，让工业（B2B）企业做小池塘里的大鱼

在我国大多数工业（B2B）企业家看来，做大是企业发展的本能，并且坚信：梦想有多大，舞台就有多大。

D 企业是一家做新风系统的公司。有一次，受公司老板吴总之邀，笔者来到展厅和车间参观。一路走来，技术出身的吴总对自己的产品如数家珍，做了详细介绍，并对新风系统广阔的市场前景做了展望，令人倍感振奋。

当看到多处出现的"新风行业引领者"的标语时，联想到 D 企业年销售额尚不到 6000 万元，笔者不禁问吴总：咱公司的目标市场是哪些？

吴总答道："只要需要用到室内空气处理的地方，就是我们的目标市场，包括企事业单位和每个家庭！"

还有一次，笔者受工信部委托，为贵州企业做品牌诊断与辅导项目，其中有家做辣椒酱的 M 集团公司，旗下还有做中医药、大健康、功能饮料、矿泉水的业务。在针对矿泉水模块业务的访谈中，当被问及主要的目标市场和客户群体时，营销负责人不以为意地回答："我们卖的是水，人人都要喝水，目前阶段，全中国都是我们的目标市场，将来……"

D 企业和 M 公司依然停留在传统的"以产品为中心"的经营思维中——只要我做好了产品，总能卖出去；客户不认可，那是客户不懂专业，不理解我产品的价值；产品卖不出去，那是营销团队能力不行；经营业绩不好，那是中国经济下行，市场需求萎缩……

随着市场竞争日益加剧，各个行业和领域的"内卷"不可避免地发生，

依然固守"以产品为中心"的卖货思维，显然是没有出路的。因为产品同质化让营销沟通更加困难，拼低价、拼套路，市场环境乌烟瘴气；需求升级让企业经营失去方向，等政策、靠运气，以前的成功套路都失效；成本攀升让企业经营越来越困难，搞精益、挖潜力，奈何火车头没有动力……

工业（B2B）企业的资源终究是有限的，经不起我们反复折腾，试错成本越来越高，我们必须尽快适应中国经济由高速增长到高质量增长的转变，彻底改变以往盲目做大、简单粗暴复制产能的经营模式，真正能够静下心来以客户为中心，精耕细作，做"高质量"的产品和服务，进行"高质量"的企业经营。就像华为任总说的那样：磨好豆腐，给妈妈吃。

那么，工业（B2B）企业如何在外部经营环境不确定性增加、内部资源有限的情况下，真正实现高质量增长呢？

做小池塘里的大鱼，是条可行的路！

河南省金太阳精密铸业股份有限公司是一家拥有两个生产基地与一个工程技术研究中心，年产中高端铸铁零部件2万吨，并具备提供相关模型制作、铸件深加工、零部件检测、铸件防腐等配套服务的科技型企业。

2012年前，作为一家普通的铸造工厂，该公司也在同质化低价竞争、账款难回收、现金流紧张的"红海"里苦苦挣扎，甚至有几次，因为银行抽贷、呆坏账等拖累，徘徊在关门倒闭的边缘。

痛定思痛，管理层决定聚焦"做他人做不了的产品，做他人做不好的产品，做他人不想做的产品"，坚决不和同行搞同质化低价竞争，靠品质和服务赢得客户的心。公司重新梳理了手中的客户，清晰定义公司的"好客户"，主动清理那些给公司带来价值少，甚至是负价值，但耗费公司资源多、无法实现共赢的"坏客户"，全心全意服务公司的"好客户"。

实践证明，少即是多。工业（B2B）企业做强靠的是集中优势兵力，照着一个城墙垛子口开火。金太阳在服务"好客户"的过程中，迅速成长为一家能打硬仗、能做高品质铸件的公司。

2017 年，在去产能、去库存、去杠杆、降成本、补短板和环保停产限产双重压力的严峻形势下，金太阳公司在"轻资产、快周转"的思路指引下，再次聚焦定位为"中小型树脂砂铸铁件专家"——主要做铸铁件，主要是树脂砂工艺，铸件重量在 500 千克到 5 吨之间。

2017 年 8 月，金太阳公司实现单月历史产能新高，当年年底，超额完成公司经营指标。

2019 年，金太阳公司着眼未来 3 年发展，决心将主要目标市场定位于高端数控机床领域，全力打造"高端机床铸件专家"品牌。

2021 年上半年，金太阳公司不仅经受住了原材料价格暴涨、新冠肺炎疫情、环保限产、停电限产等外部不确定性因素的考验，而且凭借其在高端机床铸件领域独一无二的认知和嵌入式研发能力，实现了公司净利润的历史新高。

金太阳公司的 10 年历程告诉我们：对我国大多数工业（B2B）企业来说，深耕自己熟悉的领域，并不断聚焦和做强，成为小池塘里的大鱼，是一条清晰可行的路。

成为客户心智中的首选，甚至唯一选择

闹钟一响，你揉着惺忪的睡眼随手划过华为Mete10的屏幕，起床，走向箭牌马桶，之后，拿起飞利浦电动牙刷，挤上高露洁牙膏……新的一天就此拉开帷幕。

你会发现，在今天，我们每个人都已经不由自主地置身于品牌的海洋里，品牌就如同空气一样，好像无声无息，却又无处不在；品牌已经占领了你的心智，你好像在自主选择，其实答案已经植入你的潜意识。

品牌世界，不是将来时，而是此时此刻正在发生的客观事实！

然而，相比环绕我们身边的快消品牌——星巴克、可口可乐、麦当劳、苹果、耐克、LV、爱马仕、阿玛尼、宝马、奔驰、沃尔沃……工业（B2B）企业的品牌却低调得多。尽管在电动工具领域，博世、TTI的名声称得上是如雷贯耳，在电力和自动化技术领域，ABB、西门子、施耐德也是神一样的存在，但事实上，离开其应用领域，普罗大众对它们的威名也缺乏认知。更别说一些细分领域的工业（B2B）企业品牌了，譬如笔者曾工作过的ALMEX，在输送带接头硫化机领域是全球当之无愧的王者，但即使在其主要应用的煤炭行业，也很难做到众人皆知，更遑论一般大众了。

既然如此，工业（B2B）企业打造强势品牌，可能吗？工业企业还有必要去建立团队，花力气去做品牌吗？

答案是：有必要，且恰逢其时！

工业产品应用范围窄、技术门槛高、隔行如隔山的特点导致了其在一

定时期内"不知有汉，无论魏晋"——相比快消品对市场需求升级的快速反应，其需求传导慢，形成了滞后于终端市场的"桃花源"现象。在这种大背景下，"人无我有"成为工业企业行走市场江湖的利器。

但该来的总会来，随着中国制造的浪潮席卷全球，"人有我优"成为工业企业争先恐后抢占的高地。人无我有，从 0 到 1，差别显而易见；人有我优，从 1 到 2，差别却是见仁见智的事。这下可苦了工业企业的从业人员，没有了说一不二的技术壁垒，只剩下王婆卖瓜的孤芳自赏，怎么卖高价？怎么卖得好？怎么卖得久？

既然产品日趋同质化，那就在销售上下功夫：有专业研究大客户公关者，通过研究大客户采购决策机制来建立信任关系，从而拿到订单；有价格至上白刃战者，你跳楼价我卖身价，把商业竞争看作你死我活的零和博弈；也有剑走偏锋一招制敌者，KTV、桑拿房、麻将桌，推杯换盏，无所不用其极，美其名曰"关系营销"……

实事求是地讲，过去近 20 年，工业（B2B）企业销售的专业研究和深度实践，大大推动了工业（B2B）企业市场化变革，以"销售为龙头"的企业运营机制从根本上打破了"以产品或生产为中心"的经营模式，激活了工业（B2B）企业内部成员的市场意识和创新热情，为更好地满足客户需求建立了畅通的渠道，但却没能建立起真正以客户为中心的市场运营体系，战术的勤奋弥补不了战略懒惰带来的困惑——"以销售为龙头"固然让工业（B2B）企业上下意识到了"订单才是王道""客户才是衣食父母"，但只靠营销噱头打单和依赖"英雄销售"攻城拔寨终究是治标不治本。要想真正实现卖高价、卖得好、卖得久，还得靠工业企业市场运营系统制胜——创建工业（B2B）企业品牌。

工业（B2B）企业品牌是个客我概念，是客户对工业企业的综合印象和长久记忆，是客户对工业企业所提供产品和服务价值的认知，也是工业企业市场运营成果的最终体现之一。

工业（B2B）企业品牌显然不只是营销的工具，其战略意义远超营销价值。对内，它需要回答"我是谁？客户是谁？与谁竞争？"的问题，起到聚焦和整合资源的作用，正如毛主席在《中国社会各阶级的分析》中明确提出的"谁是我们的敌人，谁是我们的朋友，这个问题是革命的首要问题"[①]。对外，它需要在客户的心智，甚至潜意识中形成"最优解决方案提供者"的认知和印象，起到销售转化和客户关系持续优化的作用。

综上所述，工业（B2B）企业品牌是工业企业市场运营工作的重要成果体现，工业（B2B）企业品牌是工业企业内外部资源整合的平台和指引战略发展方向的灯塔，工业（B2B）企业品牌是工业企业试图在目标受众心目中塑造的"最优解决方案提供者"形象，使之成为客户心智中的首选，甚至唯一选择！

成功打造强势品牌的三大基石

那么，究竟具备哪些条件的工业（B2B）企业才能真正实现品牌化运营，最终走上客户满意、员工幸福、伙伴共赢的康庄大道呢？

笔者认为，工业（B2B）企业打造品牌，必须花力气铸就三大基石：(1)拥有

---

① 毛泽东选集（第1卷）[M]. 北京：人民出版社，1991：3

具备独到价值的产品；（2）拥有稳定可靠的供应和交付体系；（3）拥有高效的价值沟通体系。

拥有具备独到价值的产品

说到拥有具备独到价值的产品，有读者可能会感觉奇怪：我本来想的就是通过"打造品牌"来实现差异化和产品溢价，如果拥有具备独到价值的产品成为前提条件，那还做品牌干吗？

之所以有这样的困惑，源自如下两个原因。

第一，对品牌的理解有偏差：工业（B2B）企业品牌不是"说"出来的，而是"做"出来的，如果观念依然停留在以前大量投放媒体广告，给目标受众洗脑，然后产品大卖，企业做大做强，自己成为明星企业家的那种"愚民"思维模式里，那注定是要被当下高认知水平的客户群体抛弃的。

第二，对产品所具备的独到价值没有觉察：事实上，尽管大多数企业都下意识地感觉到产品同质化竞争严重、利润薄如刀锋、压力特别大，却没有真正深入思考为什么有些企业在风雨飘摇里还依然活着，甚至业绩还有小幅增长。这一点，在笔者作为第三方咨询机构服务于中小工业（B2B）企业时，感触特别深——能在环保高压，去产能、去库存、去杠杆、降成本、补短板环境下依然逆势前行的企业，大多数都拥有具备独到价值的产品，只是企业没有参照，自己不积极学习的话，感知不到或定义不出来而已。

拥有稳定可靠的供应和交付体系

对工业（B2B）企业来讲，拥有稳定可靠的供应和交付系统是品牌建设的第二块重要基石。随着服务型制造和工业服务业发展方兴未艾，客户需求迅速升级——从有形产品的供给向无形服务方向延伸，甚至逐步迈向体验经济时代。此时，如果工业（B2B）企业的供应和交付体系还只停留在过去的质量不出问题、成本不断博弈、交期能够跟上的水平上，客户每天为供应链安全保障问题担心，那所谓的"打造品牌"纯属水中捞月。

工业（B2B）企业品牌是以客户为中心的目标受众体验的总和，成功的工业（B2B）企业品牌的打造依赖的不是"一招鲜，吃遍天"，而是持久恒定的客户价值交付和保障能力，这必须凭借稳定可靠的供应和交付体系来保证。

拥有高效的价值沟通体系

工业（B2B）企业品牌打造的目的是成为目标客户心智中的首选甚至唯一供应商。拥有了价值独到的产品和稳定可靠的供应和交付体系，理论上来讲，随着时间的推移，这个目的可以自然达成，但在现实生活中，因为海量信息每天亿万次地轰炸人们有限的注意力和记忆空间，且产品和交付系统的体验是碎片化、感性化的，让目标客户根据这样的信息去自然积累出品牌印象无疑是缘木求鱼，因此，需要专业而系统的价值沟通体系来帮助目标客户完成感性认识的梳理和理性认识的提升，引导其建立品牌概念，帮助其建立选择供应商的基本逻辑，并指导具体的价值选择和产品采购实践。

在工业（B2B）企业的经营实践中，这部分工作主要由销售（sales）和市场（marketing）职能来共同承担。

综上所述，我们发现，工业（B2B）企业所谓通过"打造品牌"来破解产品同质化问题，其实只是表象，破解产品同质化只是工业（B2B）企业认知自身产品的独到价值的第一步，也是工业（B2B）企业品牌建立的共识点和最佳入口，品牌对工业（B2B）企业的生存和发展有着更加重要的意义和价值。工业（B2B）企业品牌的打造有其独特的价值和特点，它并不依赖铺天盖地的广告投放来说服目标客户，它更像个踏实稳重的"工程师"，行胜于言——通过专业和系统来帮助你发现问题、解决问题，亲切而可靠，总能在你需要的时候及时出现，以恰如其分的方式帮助你、引导你，长期共赢发展，共同成长。

品牌是影，企业是树，产品是根

产品同质化让很多企业在市场开拓时遭遇瓶颈，面对中低端产品价格战，上过很多总裁班的公司高层往往会祭出一样法宝——打造品牌！

君不见，鼎鼎大名的 ABB、西门子公司一出马就所向披靡，而其他公司就很难在高端市场分一杯羹，诸如此类的案例蛊惑了很多人的心。

但事实上，这些公司能被行业客户所尊重和认可，靠的是公司多年的信誉积累和行业口碑，靠的是产品几十年如一日的高品质和可靠性，故此，才有了业界传颂的品牌，而不是因果倒置，须知：品牌是影，企业是树，产品是根！

每每这些公司高层祭出"打造品牌"的法宝时，他们的想法也许是好的，但做法却南辕北辙——他们选择去假装或拔高产品，甚至鼓吹并不存在的特性，包装出一个连自己都觉得陌生的高大上企业，而后通过媒介或公关传播手段拼命进行宣传，以为通过这样的操作就能获得值得客户信赖的品牌形象。大错特错！

尽管上述做法，对前期只顾埋头拉车、不抬头看天的企业，会因为加大投入做了传播而显著提高其在业界的品牌认知度，会对业务增长带来一定帮助，但也仅止如此，跟真正的"品牌"还相去甚远。

比较典型的例子是：当下在非常多历史悠久的国企中，存在着一种很无奈的现象——作为业界最资深的企业，往往行业品牌认知度很高，但客户却不买账，因为在其目标客户群的心智认知中，它们的产品价格高，质量一般，可靠性比较差。

因此，名头大、品牌认知度高，在工业（B2B）企业客户采购过程中，并不必然带来较高的品牌认可度和忠诚度。

俗话说：人的名，树的影。要想人的名声长盛不衰，人的品行首先要过关，否则，通过媒体机器精巧设计和打造的人设，盛开的时候有多绚烂，坍塌的时候就有多狼狈；而企业的品牌，也如同树的影子一样，要想盛而不衰，要靠企业本身的运营系统运作良好，而不是只长于宣传——影子摇曳多姿的美，归根结底来自树，最佳品牌打造的方法是良好地运营企业，为客户提供独一无二的产品和服务。

正如树的影子再长也离不开树根一样，打造 B2B 品牌离不开产品本身。我们可以分两层意思来解读这句话。

第一，在营销层面上，B2B 品牌对企业的实际价值是成为客户心智中的首选甚至唯一品牌。要做到这一点，不是靠企业去填鸭式洗脑，而是依赖客户自身的服务体验，因此，以产品为载体的服务化解决方案才是实现品牌认可和忠诚的不二法门。

第二，工业（B2B）企业要想设计或实践"独一无二的以产品为载体的服务化解决方案"，就必须从传统研发部门待在办公室闭门造车式的、以产品为中心的设计理念中走出来，回归到用户场景下，回归到问题导向、以客户为中心的设计模式中，为客户量身定制解决方案，并敏捷迭代、快速更新。

综上所述，品牌是影，企业是树，产品是根。表面上看，产品同质化乃至销售业绩增长乏力问题解决的药方是"打造品牌"，但事实上，问题的根本原因依然是产品以及所秉持的产品理念不能顺应当前客户需求升级的大势。

如果工业（B2B）企业能更进一步思考，会发现：在众多企业困惑于产品同质化问题不得解的当下，如果能快速转变经营理念，针对客户需求定制"独一无二的以产品为载体的服务化解决方案"，反倒更加容易独树一帜，建立品牌根基，加之企业良好运作和市场传播，赢得客户信任，成为客户心智中的首选甚至唯一选择——成功打造品牌并非难事！

"踏破铁鞋无觅处，得来全不费工夫。"——回归产品根本，工业（B2B）企业品牌打造将如顺水行舟！

品牌高溢价，来自"台下十年功"

为什么要做品牌？

有人说："有品牌，就意味着能卖高价！"

有人说："打造知名品牌，就能享受高于同类产品的品牌溢价！"

譬如大名鼎鼎的宝洁、大火烧不掉的可口可乐、笑传是"皮包公司"的耐克……

大品牌高溢价，似乎有一定道理。

可又觉得缺点什么——一言以蔽之：多了对"功成名就"的眼红，缺了对"知名品牌"形成过程的认知。

这一过程在B2C品牌形成时，因为媒介和推广部分在前台过于炫目，所以后台产品力（即产品满足用户需求的能力）的形成和供应链支撑部分往往隐在幕后不为人知，或者不为大众所关注；而在B2B品牌形成时却让我们得以一窥"大品牌高溢价"的真相。

金太阳公司在高端数控机床铸铁件领域颇有口碑，一直秉持着"做他人做不了的产品，做他人做不好的产品，做他人不想做的产品"。客户认可其产品比同类产品价格高一些，同行也对它从不做低价竞争而心怀敬意。

品牌，不是靠营销手段实现的，而是靠实实在在的质量、成本、交期做出来的，品牌溢价不是来自"知其然而不知其所以然"的感觉，而是来自其幕后几十年如一日对上述三个基本要素的优化和提升。一分价钱一分货，市场从来不曾亏负谁。

在质量、成本、交期之上，营销所承载的情感、价值观、文化就成为前台绚丽多彩的品牌呈现要素了。

哪有什么"品牌溢价"！一分耕耘，一分收获——多一分钱的收益，背后一定有着多一分钱的付出与辛苦。

你要做的，不是"临渊羡鱼"，求什么高招"忽悠"出个品牌来，然后获得"品牌溢价"，而是"退而结网"，踏踏实实明确定位，以用户为中心，优化解决方案，先做出"品"来，再以专业的营销方法做出"牌"，"溢价"就是水到渠成的事。

合理高价是市场给勤奋者的奖赏，是你应得的；品牌溢价是个容易被误解的说法，像是白得的。

厘清了这一点，对企业如何打造品牌就多了一分清醒与定力——品牌不是虚名与噱头，它的实质是企业满足客户需求能力的综合体现。品牌定位对内是明确方向、整合资源的指引，对外是一份经过深思熟虑的给目标受众的沉甸甸的承诺；品牌打造最有含金量的恰是对产品力的持续优化和提升；品牌塑造和传播只是对价值的沟通和传递。

本立而道生，做最好的自己，品牌自会由内到外地更显丰盈。

品牌是战略工具，也是竞争利器

提及"品牌"两个字，大多数人脑海中都会掠过"VI形象""影响力""知名度"这样一些碎片化的概念，但真要较真：品牌究竟是什么？恐怕没有几个人能说出个所以然。这就导致工业（B2B）企业的品牌塑造和市场推广工作长期以来停滞不前，甚至有人说，企业只有大到什么样的规模，要符合什么样的标准，才能做品牌。这纯属无稽之谈！

再小的个体也有自己的品牌；再小的工业（B2B）企业，也有自己的品牌，尤其是工业企业，品牌是最高效的战略工具，品牌也是最锐利的竞争武器。

品牌是最高效的战略工具

当下是工业（B2B）企业转型升级最紧要的关头，通过品牌定位来明确企业未来的发展方向和路径，是转型的关键。例如：笔者2016年上半年做咨询辅导的一家企业的主营产品是工业铝型材。其主要业务模式是从上游厂家采购原材料，经过简单加工和现场组装为汽车制造厂家提供工业围栏等解决方案。尽管这家企业论购销规模，在业界几乎都数不着，但它曾经承接过奔驰（北京）汽车制造厂工业围栏施工项目，积累了非常好的现场服务技能和经验。一开始，这家厂基于长远发展的愿景，把品牌定位为工业铝型材标准制定者——很显然，这样的定位很蛊惑人心，但相对于其本身所具备的企业资源来讲，这纯属一厢情愿，完全支撑不了。

在完成大量的前期内外部调研访谈后，笔者深刻地理解了用户的真实需求，并借助原点品牌定位工具，稳扎稳打，将这家工业铝型材企业的品牌定位修正为"工业铝型材集成服务专家"。这样的品牌再定位，让企业未来3～5年的发展路径立刻豁然开朗，进而，当下一年的组织结构调整和工作规划就顺理成章并清晰可见了。

品牌是最锐利的竞争武器

说到产品同质化，几乎绝大多数的工业（B2B）企业都畏之如虎——价格肉搏战之后利润薄如刀锋，在中国经济新常态下，中国制造业走到了一个生死存亡的瓶颈期，每一家企业要想活下来都首先要想明白：为什么你能活下来，给个理由先！

这个理由就是品牌——你的企业、产品、信誉等，所有在用户心智中呈现的镜像。你觉得你是谁、你很好或者你是宇宙第一，这都不重要，重要的是在你的目标客户心智中，你是谁，是不是刚好是那个能帮他解决问题的企业，是不是最值得托付和信赖的那一个。

工业（B2B）企业品牌，绝对不是你想象中的花拳绣腿，它是画龙点睛的那关键一笔，是细分领域中最绚烂的花，而且，塑造和推广工业（B2B）企业品牌的成本并不高，对工业（B2B）企业来讲，却又是必由之路，你所需要的，只是专业。

品牌引领营销走向以客户为中心

中美贸易战硝烟弥漫，传统拉动经济增长的三驾马车动力不足，环保政策持续高压，原材料成本、人工成本不断上涨……工业（B2B）企业经营外部环境的不确定性增加，但有一种趋势却是确定的——客户需求在不断升级。

工业（B2B）企业要想在当前纷繁复杂的经营环境中求生存、谋发展，就必须在品牌引领下让营销工作尽快转向"以客户为中心"。

真正回归价值原点，洞察客户需求，为客户提供面向解决实际问题的解决方案——解决方案营销被倡导很多年，但大多数企业只是挂在墙上，说在嘴上，写在市场推广文案中，并没有真正融入企业经营体系中去。

我们如何做到在品牌引领下真正实现"以客户为中心"的解决方案营销呢？主要应抓住如下 6 个关键点。

关键点一：老板带头，经营理念的转变

万事开头难，对工业（B2B）企业来讲，最难的还是老板经营理念的转变。如何理解"以产品为中心"到"以客户为中心"的根本性转变？如何理解"产品同质化竞争时代，传统销售方式失效"的现实？如何适应"工业解决方案营销决策过程复杂，客户对产品和服务认知水平高，对销售人员要求高，人员培养难，且单兵作战很吃力"等销售场景变化？这些问题显然不是通过优化某一个环节就能解决的，这是根本性、系统性的问题，所以，必须老板带头，从经营理念的升级入手来系统考量。

关键点二：绘制营销战略地图

工业（B2B）企业资源有限，解决方案营销必须站在全局的高度进行系统规划。

（1）哪些是战略客户，他们具备哪些特征？为什么会与我们风雨同舟、不离不弃？我们应该如何根据他们的需求来定制解决方案，开展长期可持续共赢合作？

（2）哪些是一般客户，他们与战略客户相比，有哪些差距和不足？我们如何才能将他们发展为战略客户？

（3）哪些客户是潜在客户，他们的活动场景和可能触及的媒介有哪些？我们如何以低成本市场推广方法与他们建立联系并增强信任，乃至实现销售转化？

关键点三：洞察客户需求，量身定制解决方案

结合前述营销战略地图，我们主要针对战略客户和潜力型客户量身定制解决方案。从客户角度来讲，让客户能更加省心、省力、省钱，专注于其主营业务，持续提高客户满意度，实现客户忠诚；从企业自身角度来讲，从赚客户的钱到帮客户赚钱，有重点地提升客户需求洞察能力、解决方案定制能力、供应链响应能力、综合成本控制能力等，实现可持续盈利。

关键点四：抓住关键时刻，实现销售转化

认真分析客户决策流程，根据客户决策流程总结出实现销售转化的关键节点，并配置"铁三角"团队和应用 FABE、SPIN 等工具，进行快速销售转化。

关键点五：学会构建共赢，实现客户关系升级

对工业（B2B）企业的重点客户来讲，信任关系的建立需要一个较长的过程，从潜在客户发展到一般客户，再到战略客户、战略合作伙伴关系，需要我们持续不断地以客户为中心，洞察客户需求，甚至引领客户需求发展，以专业能力帮助客户成长、提升客户产品和服务的市场价值，从而实现可持续的客户满意，最终实现客户忠诚。

关键点六：学会整合资源，实现低成本市场推广

解决方案营销与传统营销最大的不同是它不仅传递价值，还能与客户，

甚至供应商及其他相关方共创价值，因此，学会整合资源，以客户需求为中心，为客户构建更优解决方案是工业企业亟待提升的一种新型能力。这种能力还体现在工业（B2B）企业的低成本市场推广上。工业（B2B）企业的业务对广告的依赖比较小，但对业界评价和口碑的重视程度比较高，这就意味着其品牌接触点比较分散，管理难度大，要实现低成本市场推广，就要注重"定位精准""表里如一"和"持之以恒"。因此，解决方案营销不仅要有效整合内部供应链系统的各个接触点，还要有效整合相关合作方的接触点，从而，从整个运营系统的角度实现低成本市场推广。

综上所述，对工业（B2B）企业来讲，在品牌引领下实现解决方案营销是大势所趋，是转型升级的必由之路。外部经济形势的变化只能影响其前进的速度，但绝不会改变它通往的方向。亚马逊的CEO杰夫·贝索斯（Jeff Bezos）说："如果你想要一份成功可持续的事业，不要问自己在未来将发生什么，这种改变又会对你的公司产生什么影响。相反，你应该问自己什么不会改变，然后将自己的时间和精力投到这些事上。"

那么，就工业（B2B）企业的营销工作而言，在品牌引领下实现解决方案营销，就是那条笃定不会改变的单行道。

品牌帮助业务人员重构销售逻辑

在新销售的成长过程中，总有那么一段刚进入市场的时期，会被"水"呛着，甚至被客户或经销商给"洗了脑"。

客户或经销商说：你们家产品有A毛病、B不足、C缺点，价格还比别家高，性价比太差了！你回去向你们领导好好反映反映，定价必须考虑市场实际情况啊！

听得多了，新销售会觉得：客户或经销商说得对啊，产品不如人，价格还卖得贵，是没法卖啊！于是，回到单位后，就忍不住向领导抱怨：市场反映我们产品确实不尽如人意，定价也比竞品高，销售难度很大啊！

没有任何一家企业的产品是十全十美的，如果只是挑错，就算是人见人爱的人民币，也会被吐槽的声音淹没。

面对市场，客户与你的时间都很宝贵，我们讨论问题的重点，必然是"以客户为中心"——客户现在面对哪些问题；我们作为专业公司，可以提供哪些解决方案；如何帮客户解决问题；为了解决这些问题，客户可能会有哪些必要的投入；我们的产品和解决方案价格要稍高一些，主要原因是……所以，综合对比的话，还是我们的产品和解决方案最适合您，最具性价比！

产品本身的同质化是大势所趋，大部分企业必须面对这一现实。更进一步考虑：其实对全球化开放的市场竞争环境来讲，产品同质化不能算什么危机和难题，它只是市场供给更加充分而已，为我们帮客户定制解决方案、解决痛点和难点问题提供了更大的选择余地和落地工具，站在客户问题解决角度想，这是好事。

打个比方说：如果您是一位医生，以前治某种病，就只有一种药品，奇贵无比，您眼睁睁看着病人吃不起药，就像《我不是药神》里演的那样，痛苦而死，但您能获得畸形的高额回报。现在市面上针对这种病，有很多种药，各有所长，您可以根据病人的具体情况来选择，帮他们定制最具性价比的解决方案，但您只能获得因专业能力而带来的正常收益，您会选择哪个？

真正的好销售，本身就该是顾问式销售，有耐心、诚心地去了解客户的难点和痛点，帮他去解决，帮他去提高经营业绩、降低经营成本、提高市场竞争力，在这一过程中获得增量收益，从而与客户长期互利共赢。

从良心丧尽卖假药，到王婆卖瓜卖真药，再到医者仁心真治病，B2B营销也在随着全球经济的持续发展和客户需求的不断升级水涨船高。我们的销售人员一定要从过去以产品为中心的"性价比"观念（卖药）中转变过来，学会站在客户角度，构建以客户为中心的新的"性价比"观念（医生治病，药只是解决方案和载体）。

希望每一位销售都有一颗医生治病救人的心，希望每一家企业都能够有利他的经营理念，如此，才能让我们的工业（B2B）企业家更有尊严。

唯有专业，才能让这一切成为可能；而唯有品牌，才能让我们不畏挫折，更加笃定地坚守专业初心。

本章小结

经营定生死，管理定效率。对工业（B2B）企业来说，在当前经营环境不确定性大幅增加的情况下，看清和遵循业绩增长的"大逻辑"至关重要——能让我们在品牌灯塔的指引下，心里不慌，手中不乱，沿着既定的品牌营销战略地图不断往前迈进，甚至可以以不变应万变，化危机为机遇，团结一切可以团结的力量，帮助企业更快、更稳地向前发展。

在大逻辑的指引下，打造强势品牌，驱动业绩可持续增长是工业（B2B）企业发展的必由之路。

在下一章中，我们将一起来探讨工业（B2B）企业打造强势品牌的 12 个认知误区。

第二章
工业（B2B）企业打造强势品牌的12个认知误区

"拥有强势品牌，客户和经销商就会主动找上门！"

"拥有强势品牌，我们的产品和服务就能有高溢价！"

"拥有强势品牌，我们就能调动更多行业资源！"

几乎所有工业（B2B）企业家心里都有一个打造强势品牌的梦想，之所以不去做，或者说不敢去做，并不是因为这件事情本身有多难，而是对打造强势品牌存在诸多认知上的误区，导致想得多，做得少，成了"思想上的巨人，行动上的矮子"！

笔者担任某央企西北大区销售经理的时候，曾用手中有限的资源打造过"核工牌枸杞色选机"区域品牌，使其成为目标市场及客户群心智中的首选品牌，市场占有率一度超过70%；作为多家民企品牌营销咨询顾问时，帮助企业深刻认识自己，把握客户真实需求，在较短的时间内就成为细分领域内能见度非常高的强势品牌，且推动营销工作走上了业绩可持续增长的轨道。

正如王阳明所说："破山中贼易，破心中贼难！"——工业（B2B）企业打造强势品牌本身并不难，难的是如何打破心里的桎梏！

下面，就通过为你详解工业（B2B）企业打造强势品牌的 12 个认知误区来助你一臂之力，共破"心中之贼"。

误区 1：工业企业不需要做强势品牌

在市场竞争环境下，不管什么类型的企业，都希望能以更低的投入，让更多的目标客户知道自己、信任自己，高效实现销售转化并长期维护好客户关系，促进复购和转介绍，而品牌恰恰是帮助工业（B2B）企业实现这个愿望的最佳工具。

不仅如此，对工业企业来讲，因为致力于与客户构建长期战略伙伴关系，品牌更加具有战略意义，它不仅能帮助企业内部达成共识，凝心聚力，让团队向同一个目标努力，而且能统一企业沟通语言，步调一致，让团队用同一个声音向目标市场和客户群传递价值。

然而，说到品牌打造，人们马上想到的都是电梯、电视、电脑、手机等各种媒介上投放广告的快消品商家，因此，很多人认为工业企业不需要做品牌。

这种看法无疑是把做品牌与做广告给混淆了——做广告是品牌推广的一种手段，但远远不能涵盖品牌推广的全部工作。

工业企业是需要推广品牌的，只是做法与 B2C 型业务有较大不同——工业企业品牌推广很少用广告传播。

首先，工业企业只需要在细分领域打造强势品牌。因为品牌推广所面对的目标市场和客户群体往往在局部细分市场，面向普通大众的媒介传播方式是不经济的，所以大家看不到工业企业大面积投放广告。

其次，工业企业和客户之间的关系更趋向伙伴关系。一家工业企业所服务的客户往往也就过百、几十，甚至是几个，与客户之间的关系更趋向伙伴关系，而做快消品的商家所面对的客户是普罗大众，往往成千上万。从营销工作投入产出的角度来看，显然工业企业不能用"大炮打蚊子"的方法来做营销沟通工作。工业（B2B）企业品牌传播不看企业怎么说，更看企业怎么做，从细节处见真章。

举例来说，每一个与客户面对面沟通的销售代表就是公司的代言人，不管你说得有多好听，在客户眼里，你的一言一行，就是他是否选择你的重要依据。

因此，工业企业是需要做品牌的，只是做的过程更要靠脚踏实地地"做"，而不只是夸夸其谈地"说"。

误区 2：打造强势品牌需要很长时间

工业（B2B）企业所期待的强势品牌是指在目标客户的心智中，能够成为首选，甚至唯一供应商。做到这一点，其实并不是很难。

我们在品牌营销咨询项目中，经常以 3 年为重要节点来明确品牌定位，而实际运营过程中发现，实现的过程往往比预想的时间还要短。

例如河南金太阳精密铸业股份有限公司 2017 年 2 月将品牌定位于中小型树脂砂铸铁件专家，到 2019 年就被升级为高端机床铸件专家，两年多的时间就实现了在细分领域成为强势品牌的目标，公司也通过品牌定位升级迈上新的台阶。为什么能够做到呢？

笔者认为，主要有如下两点原因：

（1）厚积薄发，只是缺乏梳理。工业（B2B）企业，尤其是"专精特新"的工业企业，能在日益激烈的市场竞争中历经10年，甚至几十年风风雨雨，都很不容易，只要你肯下功夫深入了解，就会发现家家都有"绝活"——遗憾的是，它们大多缺乏对自身核心竞争力和不可替代性的梳理和挖掘。只要通过专业工具帮它们做系统梳理和打磨，它们中的绝大多数就有机会"大放光彩"。

（2）知难行易，只是缺乏共识。成长中的工业（B2B）企业相比成熟企业的优势就是灵活性高，决策简单高效，善打硬仗，老板权威大，但甘蔗没有两头甜，相对应的劣势就是人员职业素养差，专业能力弱，认知水平相对低——老板的认知事实上成为企业发展最大的天花板。这种情况下，如果能在专家的引导下，明确企业未来发展路径，洞察企业外部经营环境变化趋势，盘点企业内外部优势资源，并凝聚共识，激发和调动团队干事创业的积极性，那3年达成品牌定位，成为目标客户群心智中的首选，甚至唯一供应商，并非遥不可及。

综上所述，工业（B2B）企业打造强势品牌并不需要很长时间，3年足矣！

误区3：打造强势品牌需要花很多钱

对工业（B2B）企业来说，打造品牌和花很多钱之间没有必然联系。

　　人们之所以一说打造品牌就联想到花很多钱，主要是受快消品公司大手笔广告及天价广告费的影响。事实上，工业（B2B）企业，尤其工业企业品牌打造的难点不在广告传播上，因此，花很多钱和打造品牌之间没有必然联系。就拿前文提及的河南金太阳精密铸业股份有限公司来说，用两年多的时间成为业界小有名气的中小型树脂砂铸铁件专家，并没有花一分钱在大众媒体上做广告，花得最多的一笔应该算是 2017 年 12 月与中国铸造协会联合举办"中小铸造企业转型升级高级研修班"，公司赞助了两天的餐费，最多一两万元而已。

　　因此，对工业（B2B）企业来讲，打造强势品牌，并不用花很多钱，但因为对企业家的认知及营销团队的专业能力要求会比较高，如果能适当花些培训费、咨询费，在专家"老马识途"的引领下完成，可能是最佳选择——既能少走弯路，还升级了老板认知和公司系统能力。

误区 4：打造强势品牌就是为了出名

　　打造强势品牌不是简简单单为了出名，尤其是在出名并不能为企业经营带来价值的时候。

　　笔者在《工业品市场部实战全指导》一书中，曾经提到一个观点："一切不以业绩可持续增长为落点的市场行为都是耍流氓！"这个观点得到了越来越多工业（B2B）企业家和营销人的认同。

　　我们为什么要打造强势品牌？其实工业（B2B）企业最想要的结果无非是 3 个：

（1）精准获客，即更容易以更低成本获得精准客户。

（2）高效转化，即更容易让客户信任和快速完成签单。

（3）复购转介，即让客户黏性更强、关系更铁，不断复购并愿意转介绍更多客户。

所谓"出名"，其实指的是能让更多目标客户知道我们、信任我们并形成伙伴关系，长期合作共赢。

如果从这个意义上来讲，打造强势品牌是为了出名，从而让工业（B2B）企业优质产品和服务的口碑得以更迅速的传播，倒也未尝不可。

误区5：打造强势品牌就是投放广告

广告是为了某种特定的需要，通过一定形式的媒体，公开而广泛地向公众传递信息的宣传手段。其主要目的是：（1）新品上市告知；（2）诱导说服购买；（3）唤醒提示告知等。这种方式对大众消费型的产品和服务具有较强的促销价值，但对大多数工业（B2B）企业所提供的"专精特新"产品和服务来说，其实作用很小。

什么原因呢？主要可从如下两个方面来阐述。

第一，细分小众市场用不上公众媒介推广。工业（B2B）企业所服务的客户往往更加专业，数量少，需求弹性小，决策机制相对复杂，采购更加理性。在公众媒介投放广告就如同拿大炮打蚊子——投入很大，能起到的作用却很小，更别说能影响决策了。

第二，工业（B2B）企业品牌的传播方式独有特色。为了实现高效营销沟通，工业（B2B）企业当然也要采取必要的形式做品牌传播和市场推广，达到精准获取客户线索、高效赢取客户信任并获得签单以及增加客户复购和转介绍等目的，但采取的方式却不是大量投放广告，而是独有特色的"天网、地网、人网"全网传播系统！

综上所述，工业（B2B）企业打造强势品牌，并不需要，也不提倡大量投放广告。能花钱不算本事，能把每一分钱花在点子上才是！

误区 6：以产品质量求生存

在很多工业（B2B）企业的官网上，不约而同地写着一句话：以产品质量求生存！以此来标榜自己的产品质量过硬。

在产品同质化泛滥成灾的当下，居然连遣词造句都变得异常同质化了，于是这句话就成了废话——对赢得客户的信任贡献值为零，从品牌传播和市场推广的角度来讲，自然是边际效益为零了。

那么，"以产品质量求生存"错了吗？笔者非常肯定地告诉您：经没错，只是被歪嘴和尚念歪了！

在工业领域，一说到"产品质量"，大多数人的第一反应就是技术先进、性能优越、参数达标……作为产业门类最齐全的工业大国，"工程师思维"大行其道本无可厚非，问题在于：倡导市场导向的企业经营已经许多年了，从中小铸造企业骨干到企业家本人，基本还都是遵循以生产为中心、以产品为中心，甚至以技术为中心的经营思路，使得产品同质化无路可逃。说好的"以客户为中心"、哭着喊着"顾客就是上帝"，统统不过是作秀和空喊口号罢了。

是时候重新解读什么才是真正的"产品质量"了。

原点战略市场运营体系告诉我们，产品力是产品质量的根本保证，产品力可被分解为三个分力：（1）价值塑造力；（2）技术支撑力；（3）品质管控力。

这三种力共同指向企业产品力的提升和优化，而产品力的本质就是满足用户需求的能力。产品力是因用户需求而起，以用户需求为中心的力。产品质量是产品力的作用结果，其评价可以采用三个指标：（1）需求响应率；（2）需求贴合率；（3）需求尖叫率。

换言之，技术服务于人，解决方案是为了满足用户需求而构建的，产品质量的评价标准不应该是技术、性能、参数，而理所当然是对用户需求的满足程度！技术、性能、参数是满足用户需求的工具指标，而不是产品质量的最终结果指标。

综上所述，"以产品质量求生存"这句套话不算错，错的是对真正的产品质量的理解，错的是许多工业（B2B）企业不求甚解，不踏实提升产品力，却只会王婆卖瓜、自卖自夸地玩营销话术。

经是好经，但多数时候，被歪嘴和尚念歪了。

误区 7：金杯银杯不如用户的口碑

这是句好话，充分肯定了用户评价和满意度对我们工业（B2B）企业市场运营的重要性，但这句话却坑害了很多人，尤其是工业（B2B）企业的老板和高层。

他们将这句好话奉为圭臬，让其变成自己不思进取、不能突破自己思维局限的挡箭牌，还躲在"舒适区"内自我安慰，奉行顾头不顾腚的"鸵鸟政策"！

大多数工业（B2B）企业的老板和高层都是技术出身，因此，敝帚自珍，对自己研发和生产的产品有"亲孩子一样的"偏爱，对原理级技术研发有着本能的热爱，心底埋藏着"用技术改造世界"的梦想。

但是，就像华为任正非说的那样："我们要'院土'不要'院士'！"我们要的是产品力持续优化，以用户需求为中心来做微创新、持续改进，而不是要动辄整出个划时代的发明。我们的用户口碑不是靠技术，甚至产品单一因素来积累的，因此，您所谓的"踏实做实事"，如果没有思想解放，没有思维方式的转变，没有"务虚"，就很有可能是在勤奋地浪费企业的宝贵资源。

用户是活人，不是镜子，只会机械反应；用户的体验是整个企业经营系统促成的结果，不是靠有形的产品单一因素；用户体验的形成是工业（B2B）企业与用户长期互动的结果，不是憋足了劲在某个时间点突然爆发的。

因此，工业（B2B）企业需要用更加专业的系统方法来塑造用户的口碑，而不是给自己的埋头傻干找到一个冠冕堂皇的借口，给自己僵化的思维找个漂亮的噱头。

正确的做法是做好品牌定位，充分利用金杯银杯，打造和维护良好的用户口碑，帮助工（B2B）企业以最低的成本赢得客户信任，实现业绩转化，并促使业绩长期可持续增长。

误区 8：在行业里名气很大，就是强势品牌

在某次工业（B2B）企业品牌营销内训课上，一位学员问："杜老师，我们公司是一家老国企，1958 年就建厂了，行业里家喻户晓，那我们还需要再做品牌吗？"

这是个非常棒的问题！

事实上，品牌是个"矢量"概念，它不仅有大小，还应该有方向性。

笔者回答这个学员说："您来思考这样一个问题：如果我们去向贵公司目标客户群做调研，反馈回来的意见有很多是——他们是家老厂，历史悠久，行业里都知道，不过他们作为一家国企，人浮于事，产品价格虚高，质量不稳定，售后服务也跟不上……那您觉得这是我们可以接受的品牌印象吗？您觉得这样的品牌能对我们的营销工作产生积极推动作用吗？"

对工业（B2B）企业来讲，营销就是价值沟通，如果品牌无法对营销工作产生正向推动作用，那它就是"负资产"，可能会给营销沟通工作造成"阻力"，反倒需要我们营销团队付出更大的辛苦努力去完成与客户的价值沟通。

这种情况下，企业当然更应该重视品牌打造工作，重新厘清品牌定位，重塑品牌核心价值，让品牌真正成为客户心智中的首选，甚至唯一选择。

误区 9：把产品质量做到极致，自然就是强势品牌

产品质量无疑是工业（B2B）企业可持续经营的基石，于是，有人说"打造品牌就是把产品质量做到极致"，这种说法在很多传统工业企业，尤其是技术出身的企业家中很有共鸣。

这句话不能说不对，但有两个要点需要厘清：

（1）产品质量好不好，到底谁说了算？当然是市场说了算、客户说了算。那么站在客户的视角看，把"产品质量做到极致"就意味着"洞察客户真实需求，并为解决客户问题提供了最佳解决方案"。只要工业（B2B）企业能持之以恒地站在客户的角度把关产品质量，就具备了打造强势品牌的坚实基础。

但是，如果工业（B2B）企业只站在产品的角度，自以为把技术指标做到最优，就是把产品质量做到了极致，那么，最终只会发现客户不愿为此买单的事实。显然，这样的企业离打造出强势品牌还很远。

（2）闭门造车，真的能够"把产品质量做到极致"吗？乔布斯说："市场调研没用，因为消费者根本不知道他要什么。"那说的是颠覆性创新的产品，而我们工业（B2B）企业的创新绝大多数都是"以客户为中心"，需要根据客户做个性化定制的敏捷迭代微创新。

因此，如果能够与客户不断互动沟通、协同创新把产品质量做到极致，那这个"跳双人舞"的过程，也是不断与客户深化关系的过程。如果能把这种深度合作的伙伴关系复制到大多数老客户身上，并把老客户心中最为珍视的、不可替代的价值提炼、打磨，用以指导公司的战略决策，并面向

目标市场和目标客户群做广泛传播，最终在目标客户心智中形成极致产品质量的印象，那就真的成了强势品牌。

综上所述，所谓强势品牌其实是指工业（B2B）企业在客户的心智中值得被托付和依赖。把产品质量做到极致是我们自己的价值判断，是打造强势品牌的坚实基础，但只是必要而非充分条件。真正成为强势品牌，需要客户认为我们的产品质量做到了极致，而不是"你以为"！

误区 10：打造强势品牌是大公司才能玩得起的游戏

工业（B2B）企业到底发展到多大规模才需要做品牌？笔者根据多年陪伴式顾问服务的经验总结出一个关键节点：销售额 2000 万元。

这个数字可能跟国内单一细分市场容量有关，工业（B2B）企业在年销售额达到 2000 万元以前，很可能主营业务并不明确，奋战在多个机会市场上，此时，如果非要让老板在诸多业务中做取舍、做聚焦，可能会非常困难，手心手背都是肉，每个机会都舍不得放弃，因此，还不如让子弹再飞一会儿，以赛马的方式让主营业务自己跑出来为好。

过了销售额 2000 万元的槛，就应该把打造强势品牌这件事郑重提上议事日程了。

因为这个关键节点，也是企业由"生意状态"走向"企业经营"的重要分水岭。有人说：战略是什么？就是决定不做什么！

这个说法看上去很武断，但确有其道理——工业（B2B）企业在经营中，如何打造核心竞争力，让企业拥有"不可替代的价值"？唯有以客户为中心，做取舍！道理很简单，在销售额 2000 万元的门槛上，工业（B2B）企业的资源禀赋其实都差不多，能胜出的唯一可能就是你在某个细分领域比别人投入的资源多、花的时间多、下的功夫多；因此，能够"专精特新"，从而有机会在客户心智中形成"垄断"——成为首选，甚至唯一选择。

特别说明一下：销售额 2000 万元是虚指，在不同行业和领域或许有的多一些，有的少一些，但差不多就是这个关键节点，适合工业（B2B）企业开始着手打造强势品牌。

误区 11：打造强势品牌就是把营销推广工作做好

这是个非常迷惑人的问题，因为纵观工业（B2B）企业打造强势品牌的整个过程，最有能见度、最能让大家感觉到的似乎还真就是营销推广部分了。

这也导致很多工业（B2B）企业家对品牌打造的认知就停留在营销推广甚至宣传上，认为品牌就是形象、品牌就是宣传、品牌就是广告投放等，不一而足，总之一句话，品牌就是包装出一个美好企业的样子，然后展示给人看的！

但事实上，打造强势品牌的工作，展示给别人看固然重要，厘清品牌定位，明确企业怎么做并达成共识才是重中之重。

我们把工业（B2B）企业打造强势品牌的工作归纳为 7 个重要步骤：（1）细分市场；（2）品牌定位；（3）品牌塑造；（4）公关借势；（5）品牌传播；（6）品牌评估；（7）品牌升级。从中你可以发现：营销推广在其中更多地只是体现在品牌传播部分而已。

误区12：打造强势品牌是公司市场部的职责

品牌打造是市场部的事吗？是，也不是。

说是，是因为品牌打造由市场部来统筹安排和协调确实是最合适的，一个优秀的市场部，上能顶天——理解高层战略意图，下能立地——支持销售一线作战动作，再加上它能：（1）懂客户，准确理解客户需求和把握市场动态；（2）懂产品，理解产品和解决方案能带给客户的价值；（3）懂公司内外部资源，不仅能够360度协调公司内部资源，还能站在行业高度来统筹整合业界公关、媒介资源为我所用。因此，如果工业（B2B）企业能有这样一个市场部来操盘打造强势品牌，那显然是上上之选。

但遗憾的是，在笔者咨询、培训服务过及走访过的大部分工业（B2B）企业中，具备这样能力和素质的市场部，真可谓凤毛麟角。

说不是，是因为从工业（B2B）企业实情出发，品牌打造最好是由市场部组织协调，并由老板亲自来抓，全员贯彻执行，这样比较切实可行。它不应该是市场部自己的事，其他人等着看结果，而是需要上升到公司经营高度，总揽全局，真抓实干。

比方说，对工业（B2B）企业来说，品牌定位就像给公司未来发展之路上设置了灯塔，它不仅对内凝聚人心，让大家更有共识，而且能让对外沟通的每个品牌接触点都形成统一专业的表达。为了更加深入人心，厘清的过程最好是老板和所有骨干团队成员都深度参加，大家认真倾听自己心底的声音，这样才能在工作中充满激情，为自己心中的事业而努力奋斗。

再比方说：站在品牌打造的视角来看，工业（B2B）企业的销售团队、技术支持团队是与客户沟通最为密切的品牌接触点，也是品牌传播最关键的环节，如果这些关键环节的同事对品牌打造工作不理解，甚至有抵触情绪，那所谓让市场部负责品牌打造就成了纸上谈兵，一句空话而已。

综上所述，工业（B2B）企业打造强势品牌最好是市场部有能力牵头，公司全员深度参与。

本章小结

工业（B2B）企业所需要的强势品牌，并不需要家喻户晓，只需要让产品畅销——能够让企业以更小的营销投入，让更多目标客户知道我们、信任我们，高效实现签单转化，并让老客户认同我们，愿意持续复购并转介绍更多新客户给我们。

因此，工业（B2B）企业打造强势品牌，并不难。

下一篇章，我们将一起探讨工业（B2B）企业打造强势品牌的实操方法："方法篇：工业（B2B）企业强势品牌打造七步法"。

方法篇

工业（B2B）企业强势品牌打造七步法

品牌是什么？品牌是客户感知价值的总和。

那就意味着：只要工业（B2B）企业的业务在进行，其实品牌就是存在的，只不过，没有经过专业打造的品牌在客户心智中是模糊的、混乱的、不聚焦的、不可控的、碎片化的、众说纷纭的。

这样的品牌状态无法起到指引公司发展方向，促使营销价值沟通更容易、更高效、更持久的作用，因此，我们需要通过科学的方法来专业打造品牌——在目标客户心智中，形成明确的、有序的、聚焦的、可控的、系统的、有共识的品牌印象，并经过不断优化和升级，使之成为目标客户心智中的首选，甚至唯一选择！

笔者在多家工业（B2B）企业品牌营销陪伴式顾问和咨询服务过程中，不断提炼总结，形成了一套科学实用的方法——工业（B2B）企业强势品牌打造七步法（如图1）。

图1 工业（B2B）企业强势品牌打造七步法

第三章
第一步：市场调研

品牌是影子、企业是树、产品是根，品牌不仅应对外宣传我是谁，能带给客户什么样不可替代的价值，更应该是企业内部凝聚的共识，工业（B2B）企业家和骨干团队心里真正希望成为的样子——未来企业成为客户心智中的首选，甚至唯一选择。

为此，工业（B2B）企业打造强势品牌的第一步是市场调研：

去了解当前我们在客户心智中的印象，并洞察客户的真实需求，明确客户最想要我们解决的问题，最想要我们团队呈现的状态；

去深度调研和梳理老板及高层对公司未来发展的期待和战略意图，诚恳面对真实的自己，做一家自己心目中的好公司，打造一个值得客户信赖和尊敬的好品牌；

去认真调研和理解骨干团队对公司未来发展的期待和个人成长诉求，力求让骨干团队个人发展的意愿和公司发展的美好蓝图紧密结合起来，相辅相成，相互成就；

与此同时，还要对供应商、竞争对手、行业资源及外部经营环境做深入调研，知己知彼，百战不殆，为企业打造强势品牌奠定坚实的基础。

万丈高楼平地起，开展市场调研，对品牌现状做盘点是工业（B2B）企业打造强势品牌的第一步。

工业（B2B）企业公司品牌是关乎公司经营全局的概念，对内是凝心聚力的着力点，对外是指引前行方向的灯塔，因此，全面调研，精准定位，至关重要。

我们有必要做如下 7 个方面的深入调研和盘点。

重点客户访谈与调研

品牌是个客我概念，是工业（B2B）企业在客户心智中的印象；品牌也是一种资产，是工业（B2B）企业留置在客户心智中的资产。

要想在目标市场和客户群心智中打造首选，甚至唯一的品牌印象，我们首先要知道：

（1）现状：目前我们在客户心智中是个什么印象？

（2）方向：客户最期待我们成为一个什么样的供应商？

有人说，这还不简单，找几个客户一问不就知道了！可实际操作起来，还真没这么简单，因为你直接问这样的问题，客户会有点懵——他不知道你问这样的问题是什么意思；就算他想配合你，让他清晰准确地表达出来，也有相当大的难度；再者，一千个人眼里有一千个哈姆雷特——我们必须有能力把众多客户心里的我们，以及最想要的我们这些印象碎片有机拼接起来，并萃取出最有共识、最有共鸣、最切实可行的概念。

重点客户访谈和调研的主要目的是帮助我们明确和清晰公司未来的品

牌发展方向、目标、增长来源、资源配置，更好地为客户提供最佳解决方案，以及为实现上述目标而制定相应举措。我们需通过访谈，深入、系统、客观地了解企业内外部经营现状。重点客户对公司产品和服务的使用需求有非常全面和深入的理解，所以，我们有必要就公司产品在重点客户项目中的使用情况、存在问题、未来优化和改进方向等认真听取他们的意见和建议。

表 3-1 是访谈的一些要点，仅作参考。

表 3-1　成长型企业重点客户访谈提纲

项目模块	问题和提纲
客户反馈	目前本公司产品在贵公司项目中的使用情况如何？使用部门如何反馈？贵公司对本公司的产品满意吗？主要有哪些意见和建议？ 本公司的技术服务响应及时吗？支持到位吗？有哪些需要加强的地方？ 贵公司所接触到的本公司相关人员素质如何？是否专业？服务意识强吗？有哪些地方需要改进？ 本公司应如何配合贵公司的项目来设计解决方案，会让您的采购和使用流程更简单顺畅？ 您之所以选择本公司的产品，是因为本公司哪些方面打动了您，是产品质量比较可靠、技术服务跟进及时、品牌信誉好，还是其他哪些原因？
支持体系	您觉得本公司的产品和服务还能做哪些改进，会让销售更顺畅？ 您觉得销售政策合理吗？怎么改进会让您愿意再次采购或推荐给朋友？ 与本公司销售的日常沟通情况：主要沟通方式有哪些？多久沟通一次？主要谈哪些内容？是否有定期业务沟通和回顾？是否帮助培训员工？是否协助销售和拜访客户？是否有库存和定期帮助盘点？是否有书面沟通工具（如报表等）？其他品牌和厂家做得好的地方有哪些？您给本公司的意见和建议有哪些？ 大体描述一下常规采购流程。您觉得从本公司采购和沟通的流程顺利吗？哪些环节不太顺，耽搁时间？ 如果本公司希望下一年在您所在区域的占有率上升 50%，有没有可能？怎么做才能达到甚至超过这个目标？ 您希望本公司提供哪些政策和资源支持，让业务发展更顺畅？

成长型企业如何打造强势品牌

续　表

项目模块	问题和提纲
取长补短	除了本公司，目前还有哪些同类产品供应商在与贵公司合作？它们各家有什么优势，可供本公司学习和提高？ 本公司想更加及时地从使用部门得到反馈，以持续改进和优化解决方案，您认为通过哪些方式和平台会比较好？ 您认为目前本公司的解决方案最让您满意和最不让您省心的一点分别是什么？什么样的产品解决方案是您认为最理想的？
方案优化	公司在2023年将实施项目部制，专门为重点客户提供产品解决方案和全面技术支持，您对此有何宝贵建议？ 为了对贵公司项目提供更加完善的解决方案，项目部拟在2023年与重点客户更加紧密地配合，针对用户需求进行深度沟通和对接，以便贵公司相关部门可以更加省心、省力、安全、放心地使用本公司产品，您对此有何宝贵建议？
未来发展	本公司正在努力实现由生产厂商到专业解决方案服务商的转型升级，将成长为一家产品高品质、服务精细化的专家型企业，为重点客户提供高水准、定制化的产品和服务，为客户提供专业化、标准化的产品和技术支持，您对本公司的未来发展有何宝贵建议和意见？
基本情况	贵公司的基本情况： 贵公司现在有多少人？年营业额大概有多少？贵公司的销售额在市场上的占比大概是多少？ 贵公司经营了几年？今年销售情况如何？利润率和回款如何？下一年打算怎么发展？ 贵公司的销售人员和技术服务人员分别有多少人？ 2023年公司有哪些新设想和新举措？
主要产品	目前贵公司主要服务的厂家主要有哪些？ 目前贵公司主要的产品主要有哪些？分别占销售额多大比重？能为客户提供哪些服务？有哪些方法可以提高公司的业务比重？为什么？ 我们的产品主要能帮客户解决哪些难题？从各个环节来设想一下。
目标市场	目前贵公司市场都涵盖了哪些地区、哪些行业？发展趋势如何？影响因素有哪些？ 客户选择贵公司的产品，主要看重哪三点？ 您平时关注哪些行业媒体和专业活动？
目标受众	贵公司的客户采购流程是什么样的？最后谁拍板？货款结算及时吗？结算方式是？ 采购过程都要涉及哪些部门的表态？他们各自关注供应商和产品的哪些方面？我们分别怎么做工作会比较有效？ 他们平时关注哪些行业媒体和专业活动？我们怎么做能引起他们关注并促进销售？

项目模块	问题和提纲
竞争对手	目前与贵公司有竞争关系的厂家主要有哪些？本年销售额多少？业务和技术人员数量如何？ 与它们比，贵公司分别有什么优劣势？ 我们能帮贵公司做些什么，可以让贵公司对我们的依赖度增加，并且把竞争对手尽可能屏蔽掉？

老板（高层）战略意图调研

如果把企业比作企业家的孩子的话，这个孩子将来成长成什么样子，终归还要由爹妈说了算——专业只是一艘船，负责安全、高效、低成本地把乘客送到目的地，但这个目的地到底定在哪里，是需要乘客来确定的。

鉴于此，工业（B2B）企业要打造强势品牌，老板的抱负、战略意图就显得尤为重要！

因此，我们会在这部分调研中，花很大的精力向老板了解公司创建的初衷、发展的历程、重要的里程碑节点，以及对未来的设想、期待，帮老板认真梳理"从哪里来，到哪里去，有哪些资源，选什么样的路径"等一系列问题。心有所往，方能从容！

老板（高层）战略意图调研一般主要通过深度访谈来进行。我们需通过访谈深入、系统、客观地了解企业发展历程、战略、营销、研发、生产、组织、管控、文化等现状。访谈中得到的信息和老板（高层）的建议或想法是我们对公司进行调研，以及为公司设计切合实际的强势品牌打造方案的重要依据。

主要访谈内容如表3-2所示。

表3-2　成长型企业老板（高层）深度访谈提纲

专　题	访谈问题
发展背景	请您简单介绍一下公司的发展历程，并重点介绍一下影响公司发展的里程碑事件。 请简单介绍一下公司现在的经营情况和发展中遇到的主要问题，在行业内处于什么样的位置。
公司战略	目前公司有哪些主要业务？哪些业务板块是公司核心业务？各板块业务存在何种优势和劣势，以及分别的机会和困难是什么？ 公司是否有具体清晰的战略规划？请您介绍一下企业未来的发展方向及目标。 公司目前具备哪些核心能力、资源，根据公司的发展目标，未来3～5年工业（B2B）企业应具备哪些核心能力？还有哪些不足或是和竞争对手相比较弱的因素？ 请您简要介绍对公司未来发展前景的看法，包括对行业、市场以及宏观影响因素的理解，会给公司带来的影响等。 2022年公司业绩目标是多少？主要的增长点有哪些？主要的困难在哪里？ 您认为公司如果要完成业务发展目标需要重点做好哪个业务板块的工作？为什么？ 您对过去几年的业务发展持何种评价，为什么？按照您的看法，哪些方面值得改善，哪些是迫切需要做好的工作？ 您期望未来3年公司成为什么样的企业？为什么？ 针对目前企业经营的业务板块，你认为相对应的直接竞争者有哪些？它们的核心竞争力是什么？公司采取了哪些应对措施或竞争战略？ 您认为公司2022年需要做好哪些工作，方能为完成发展目标提供强有力的支持？
管控和组织结构	现行组织结构的形成是否有什么历史的渊源？从公司的战略目标出发，您认为现行的组织结构存在哪些问题？如何调整？ 公司各部门之间的权责是如何划分的？公司重大事项的决策是如何进行的？ 您对公司当前的管理现状是否满意？为什么？如果不满意，您认为存在哪些问题？导致这些问题的原因是什么？您对解决这些问题有何建议？ 公司目前在管控方面存在哪些方面的问题，最突出的问题是什么？你对问题的解决建议是什么？ 您如何看待公司当前的管理效率与决策效率？对此你有无改进的建议？ 如果目前的组织构架和业务流程需要调整，您认为调整的重点是什么？为什么？
内部资源能力	您认为，公司在研发、营销、生产、运营等内部能力方面的优势和劣势在哪里？ 上述内部能力在未来改进提升的空间在哪里？改进的重点和要点是什么？ 您认为公司现有的激励体制是否符合实际情况？激励手段是否达到了目的？ 您对公司的企业文化有怎样的认识与理解？未来希望做出哪些提升和改善？

专 题	访谈问题
外部资源能力	公司在政府、行业主管部门、协会、商会、高校、展会、行业媒体等方面有哪些优势资源？ 如果我们将公司定位为某个细分行业的领导品牌，上述外部资源能力进一步提升的空间在哪里，如何来做提升和改进？ 以目前的公司资源，我们可以构建什么样的机构和平台来更好地对接和整合这些外部资源，使其为我所用？ 从您自身的期待出发，您希望公司未来5～10年在业界达到什么样的水平和地位，达成的要点是什么？
营销管理	对于公司各细分业务市场的开发，公司是如何规划的？ 您对公司目前的营销模式怎么评价？我们主要的竞争对手采取怎样的营销模式？您认为，我们的业务营销模式应如何进行调整？ 在营销管理方面，公司主要优劣势有哪些，如何进行改善？ 您认为公司目前市场营销的组织结构、部门设置、人员素质有什么优缺点？ 目前公司对产品、品牌如何管理？采取了哪些战略措施？ 公司对渠道、客户如何管理？我们的主要竞争对手在渠道、客户方面如何竞争？ 您认为未来的营销平台应该如何搭建，希望公司侧重做哪些工作？

高层发展意图与品牌方向确认提纲可以参考下文。

【参考模板】

尊敬的领导：

表3-3的问卷式提纲有助于帮您梳理公司发展目标和方向，并对当下企业所处的状态进行回顾，以此发觉差距和存在的主要困惑和难题，为此后的内外部访谈和调研奠定基础。

表 3-3　成长型企业高层发展意图和品牌方向确认工具

引 导	深度思考
目标和方向	公司发展方向：公司使命、愿景（10年）及未来5年的战略发展规划
	市场发展目标：公司未来1～5年市场发展规划及布局（包括新产品、新市场开拓及团队和渠道发展目标等）
	销售业绩目标：未来1～5年销售额、回款率、利润目标等
目标和方向	企业文化导向：公司企业文化及未来1～5年导入预期（希望公司骨干员工心怀什么样的价值观帮助企业发展，使企业基业长青，同时员工自己也能得到成长，最终达到共赢）
	品牌战略引领：您如何理解品牌对公司发展的战略引领作用，以及品牌在业绩可持续增长中所发挥的作用？
	用户需求探讨：主要客户为什么选择我们的品牌？与竞争友商相比，我们为主要用户提供了何种不可替代的价值？
	品牌定位探讨：我们是谁？如果用一句话描述新工艺，您如何清晰刻画？基于公司未来5～10年战略蓝图，您希望我们在受众心智中呈现何种形象？
	营销策略探讨：您认为我们拥有哪些资源优势，未来5年可充分运用这些优势，高效且低成本地塑造和推广公司品牌，并始终以客户为中心，持续深化专业服务，使其深植用户心底？

续 表

引 导	深度思考
团队和现状	公司前三年的经营数据和团队变动概况
	当前公司组织结构、主要业务模块及职能分工概况
	公司销售、渠道结构图及 2021 年行业、区域、主要人员销售额贡献额
	基于 2022 年的公司业绩增长需要，您希望在销售和渠道布局上做何调整？
	公司营销团队概况，以及 2021 年工作亮点有哪些，有哪些优势和不足？
	基于未来 3 年公司发展需要，您认为营销团队的理想状态是什么样的？在目前基础上，需要做哪些优化和提升？
难点与困惑	基于上述公司发展目标和当前现状之间的落差，您认为最急需解决的三大难题是什么？（如果解决不了，会影响到公司未来发展战略实现）
	公司引入第三方顾问机构，期望基于当前公司现状，提供科学合理的解决方案，以帮助公司达成企业发展目标和愿景。您期待 2022 年度实现哪些具体目标？

骨干团队深度访谈

笔者在面向工业（B2B）企业的咨询和培训中，特别愿意把企业比作一艘船，老板是我们的船长，骨干团队是我们的中坚力量——如果老板能真正站在骨干团队的角度去理解他们的诉求：待遇增加、职位升级、职业规划、发展空间，甚至工作与家庭的平衡等，并将这些诉求的实现与公司的发展壮大有机结合起来，从而形成利益共同体，那么就能驱动整个团队在其带领下，为共同的目标而奋斗。

工业（B2B）企业打造强势品牌的过程，本身也是骨干团队实现个人诉求的过程。

品牌就是灯塔，是工业（B2B）企业团队凝心聚力的着力点，它将照亮我们前进的路！

骨干团队在工业（B2B）企业的经营管理中担当着中流砥柱的作用，他们中有些人在公司的职位可能并不高，但却立足本岗，具备全局视野，能站在公司发展的角度上思考问题，并脚踏实地把本部门具体工作和公司战略目标紧密结合起来，以实际行动推动公司业务发展。

在工业（B2B）企业强势品牌打造过程中，离不开他们的深度参与和身体力行的落地执行，因此，认真听取他们对公司发展的设想和期待、他们对自己成长规划和部门发展的设想，并将这些有机结合到公司品牌打造的过程中去，就显得尤为重要。

表 3-4 是一份骨干团队深度访谈的示例表，可供大家参考。

表 3-4　成长型企业骨干团队深度访谈提纲

项目模块	问题和提纲
基本情况	工作中最大的三点困惑和难题分别是什么？你认为可以如何改进？ 在你心目中最期待的公司状况是什么样的？在哪些地方有待提高？ 你希望获取哪些外部资源，以帮助公司更好更快地发展，并促进业绩增长？
团队情况	公司组织结构、主要职责、销售政策、主要成员及团队基本情况方面的优势和存在的问题分别有哪些？如何改进和优化？ 团队沟通顺畅吗？有组织开例会、做培训吗？已经组织了哪些类型的团队建设活动呢？ 公司各职能部门配合默契吗？有哪些成功之处？存在哪些问题？如何改进和优化？
业绩情况	2021 年各区域/行业市场销售业绩状况如何？成功之处和存在的问题分别有哪些？如何改进和优化？ 2021 年主要渠道商/合作商业绩状况如何？成功之处和存在的问题分别有哪些？如何改进和优化？ 你觉得目前的销售政策合理吗？怎么改进会更有利于公司销售业绩增长？ 2022 年，你计划如何落实公司制定的公司业绩指标？

目标客户	公司主要的目标市场是哪些？客户的采购流程和决策机制是什么样的？谁最后拍板？货款结算及时吗？有哪些关键点需要把握？我们如何分别做工作？
	重点目标行业市场用户的需求有哪些？他们最希望我们怎么做，就能让他们愿意立刻买、持续买？
	在一线了解到，目标客户对哪些产品有新的需求？或者希望我们提供哪些更好的服务？如果我们能做到，你认为会不会促进销量？
竞争对手	目前我们的主要竞争对手有哪些？分别有哪些优势和特点？在竞争中，我们怎么做会更有胜算（如何设置壁垒，设置哪些壁垒来屏蔽对手）？
	在以往销售工作中，你多次听到客户反映某家竞争对手产品或服务不好的3个原因是什么？
	据你了解，目前的客户之所以选择公司产品和服务的3个最主要原因是什么？我们最常被客户提及的3点不足是什么？
支持体系	主要的产品线有哪些？哪些产品销售容易，哪些比较困难？为什么？如何改进产品线会让销售更顺畅？
	在以往销售工作中，你反复向客户提及的、最能打动客户的公司及公司产品的3个特点分别是什么？
	现有的市场推广方法、工具、策略都有哪些？如何加强才能更有效地帮助骨干团队实现销售转化和业绩达成？
	你认为公司品牌可以怎样帮助业绩实现可持续增长？你期待市场部如何与您配合打造公司品牌？
	目标客户平时关注哪些行业媒体和专业活动？我们是否可以借此促销？
	你觉得公司的技术服务（售前和售后）跟进及时吗？存在哪些问题？公司供货及时吗？产品和服务质量稳定吗？如何改进客户体验更好？
	你希望当前整合哪些政策和资源支持，能让公司业务发展更加顺畅？

供应商及合作伙伴调研

一花独放不是春！工业（B2B）企业的长期经营，靠的不仅是自身的努力，上游供应商及更多合作伙伴的共赢合作和相互支撑也至关重要，尤其是在遇到外部经营环境波动比较大的时候，如在原材料价格快速上涨、疫情防控造成物流中断、环保等导致企业停产限产等特殊情况下，能否与供应商及其他合作伙伴友好协商、共渡难关，也是企业的·种竞争力。

工业（B2B）企业打造强势品牌需要强有力的系统支撑，了解供应商及合作伙伴的状况和诉求，非常必要。

工业（B2B）企业打造强势品牌，需要供应商及合作伙伴的系统能力支持，因此，对关键供应商及合作伙伴的经营状况及未来发展趋势进行市场调研，能让我们的强势品牌打造工作建立在更加坚实的基础上。

表3-5是一份供应商和合作伙伴访谈的提纲，可供大家参考。

表3-5　成长型企业供应商及合作伙伴访谈提纲

项目模块	问题和提纲
基本情况	请简单介绍下贵公司的基本情况，以及行业状况。 贵公司主要为我公司提供哪些产品和服务？
合作状况	近期和我公司的合作都顺畅吗？有哪些瓶颈和困难？ 贵公司还有哪些重点合作客户？与这些客户的合作中，有哪些比较好的做法可以供我们一起学习借鉴？ 与我公司的合同签订和履约状况如何？与我公司采购人员的沟通是否顺畅？
供应保障	近期外部经营环境影响多，对保障供应链稳定性贵公司有哪些预案和措施？ 近期原材料价格波动较大，贵公司对保障供货价值的稳定性和可控性有哪些预案和措施？ 贵公司对品质管控有哪些保障措施？
未来发展	贵公司未来3年的发展规划是什么样的？是否有足够能力响应我公司未来的产能增长需求？ 贵公司未来在研发、生产方向方面有哪些设想？是否有能力与我公司协同进行产品设计和开发，从而为下游客户提供更有竞争力的产品和服务？
其　他	贵公司对我们进一步改善工作及深化双方合作，还有哪些设想和建议？

竞争对手信息搜集与分析

工业（B2B）企业市场集中度低，与竞争对手并不是针锋相对、你死我活的零和博弈关系，相反，更多时候其实是"你是苹果，我是梨，各有各的精彩！"——以各自的专长和资源优势为客户提供了不同的解决方案，最终比的是谁更懂客户的真实需求，并在客户的心智天平上分量更重，成为首选，甚至唯一选择。

搜集竞争对手信息并分析使用，不仅能让我们知己知彼，更容易向客户呈现我们不可替代的优势，在客户心智天平上分量更重，而且能让我们学习竞争对手好的做法，成为更好的自己。

做好竞争对手分析，有助于我们更精准地找到客户最想要的、我们最擅长的、竞争对手不容易或者不能做到的点，并把它设定为品牌定位的核心价值点。

竞争对手信息搜集与分析是工业（B2B）企业打造强势品牌的重要工作之一，主要可通过如表3-6的途径搜集。

表3-6 成长型企业竞争对手信息常见搜集途径

类 别	概 述
产品样本册	产品样本册是最常见的企业信息载体，对竞争对手的产品样本册要及时收藏与更新
企业新闻报道	工业（B2B）企业市场部要有专人负责舆情搜集和整理工作，以及时发现竞争对手新动向
企业软文及广告	通过企业软文和广告，我们可以了解和分析竞争对手的最新营销策略，及其发力点
客户案例和反馈	通过客户案例和反馈，我们可以掌握竞争对手产品的主要诉求点和典型客户情况
重要展会展台图片	展会是企业实力和品牌诉求、新产品集中展示的场合，可管中窥豹
发表的论文及报告	竞争对手主要负责人及骨干发表的论文和报告，经常会展示一般途径得不到的信息
内部期刊与报纸	通过内部期刊与报纸，我们可以了解竞争对手公司的基本生态和员工的精神面貌
其他资料	凡与竞争对手有关的资料，都是获得信息情报的重要渠道，多多益善

主要搜集如表3-7的信息。

表 3-7　成长型企业竞争对手常见信息搜集要点

公司名称	
基本注册情况	（1）注册资金；（2）注册地址
公司背景	（1）股东情况。（2）主要领导个人情况：姓名、年龄、性别、教育背景、主要的经历、培训的经历、过去的业绩等等。（3）人力资源情况：公司现有员工××人，中高层管理××人，销售××人，市场××人，车间××人，技术服务××人。（4）固定资产和投资总额：公司现有固定资产××，总价值××万元，公司投资总额共计××万元
公司内部组织架构	附图说明
营销体系调研分析	（1）营销团队的组织架构；（2）渠道分布情况和人员配备；（3）渠道管理模式和特点；（4）主要销售区域和市场份额；（5）主要经销商及销售业绩；（6）市场投入方法；（7）售后服务组织
机械设备和生产	主要生产和装配负责人、主要生产设备、人力资源及外协情况等
库存和供应链状况	主要产品来源、供应链情况，以及库存、物流、采购主要负责人和管理流程
主要产品线	（1）用途、使用范围及优缺点；（2）产品定位与价格；（3）竞争厂家和品牌；（4）销量
竞争产品线	与本公司产品线形成竞争关系的产品线情况，其优劣势、产品定位与价格、年销量
公司营销策略评述	【年度报告】综合评价其营销策略和举措，并提出应对措施和方案
公司竞争力综述	【年度报告】综合评价其公司竞争力，并提出应对措施和方案

行业调研与资源整合

一个篱笆三个桩，一个好汉三个帮。

工业（B2B）企业打造强势品牌，梳理和挖掘行业资源，借助杠杆，学会公关借势尤为关键。笔者在品牌营销培训工作中，特别喜欢引用雷军的一句话"于万仞之巅，推千钧之石"——这句话把"势"这个字诠释得淋漓尽致。

大型企业兵多将广、粮草充足，在品牌打造过程中，可以大开大合、力大招沉。但工业（B2B）企业常常面临缺资金、缺人才、缺技术的尴尬境地，怎么借势？四两拨千斤才是我们的正确选择。

行业协会、商会、行业媒体、高端论坛、技术交流会、展览会……甚至业内人士聚集的网络社群、线下饭局等等，其实都可以是工业（B2B）企业公关借力的用武之地。

能站在行业全局角度来俯瞰工业（B2B）企业强势品牌打造工作，是非常必要的。以往，我们经常把工业（B2B）企业的市场运营工作总结为6个字——"做事、做市、做势"。"做势"最难把握，主要是因为需要工业（B2B）企业市场运营团队走出企业，从行业的视角理解和协调资源，为我所用。那么，一般来说，对工业（B2B）企业来讲，行业资源有哪些呢？图3-1对此做了简单总结。

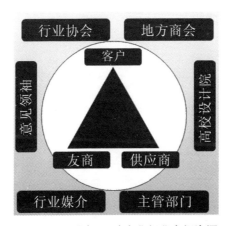

图3-1　工业（B2B）企业行业市场资源

为了方便工业（B2B）企业市场调研应用，总结为表3-8。

表 3-8 成长型企业行业市场资源整合工具

目标市场	市场资源
客 户	
友 商	
供应商 / 合作方	
行业协会	
地方商会	
主管部门	
意见领袖	
行业媒介	
高校 / 设计院	

PEST 经营大环境调研

顺应国家政策导向，把握经济运行规律，洞察社会风潮及趋势，善于借力新兴技术，是工业（B2B）企业打造强势品牌的大环境，我们要学会"顺势而为"，一般来说，需要关注表 3-9 的变量。

表 3-9 PEST 经营大环境调研常见要素

P（政治）	E（经济）	S（社会）	T（技术）
环保制度	经济增长	收入分布	政府研究支出
税收政策	利率与货币政策	人口统计、增长与年龄分布	产业技术关注
合同法 消费者保护法	政府开支	劳动力与社会流动性	新型发明与技术发展
雇佣法律	失业政策	生活方式变革 / 生活条件	技术转让率
政府组织 / 态度	征税	职业与休闲态度 企业家精神	技术更新速度与生命周期
竞争规则	通货膨胀率 / 商业周期	教育	能源利用与成本
安全规定	消费者信心	健康意识，社会福利及安全感	信息技术变革 互联网 / 移动技术变革

本 章 小 结

不积跬步，无以至千里，市场调研是工业（B2B）企业强势品牌打造的基础工作，本章从工业（B2B）企业市场调研和品牌盘点实际工作开展的角度切入，详细阐述了在针对重点客户、老板（高层）、骨干团队、供应商及合作伙伴、竞争对手、行业信息和资源、企业外部经营环境 7 类对象和场景进行市场调研过程中的要点和具体操作方法。

"君子生非异也，善假于物也"，工业（B2B）企业市场调研工作尽管琐碎，且有一定难度，但借助笔者在本章为大家总结和提炼的工具，多加应用和实践，相信你将会很快掌握。

有了第一步市场调研所奠定的坚实基础，我们就可以进入第二步：品牌定位！

第四章
第二步：品牌定位

品牌是客户感知价值的总和，品牌是工业（B2B）企业在客户心智中所呈现的镜像，品牌是客户在做采购决策时所凭借的依据，品牌是个客我概念，它决定了在客户的心智中，工业（B2B）企业是不是值得被信赖和托付。

每家工业（B2B）企业都希望自己在目标市场和客户群心智中能成为首选，甚至唯一选择，但怎么做到呢？

品牌是影子，企业是树，产品是根——要想在客户心智中成为首选，甚至唯一选择，我们首先要通过自己的努力种下这棵树，通过产品深深扎下根。

种什么树，靠什么扎根，就是定位。

致力于长期可持续经营的工业（B2B）企业，打造强势品牌不是虚张声势，无中生有，而是真抓实干，表里如一。

这就意味着：为了长期成为目标市场和客户群心智中的第一，我们不是靠嘴去说，靠广告去宣传我们能给客户带来的独一无二的价值，而是靠双手去做，靠产品和服务所带给客户的不可替代的价值，来成为客户心智中的首选，甚至唯一选择！

工业（B2B）企业根据品牌定位，可以以最小的投入创造出客户最想要，也最能感知到的价值，从而让企业营销工作（价值沟通）变得简单易行，最终使工业（B2B）企业达到以最小投入，最高效地成为客户心智中的首选，甚至唯一供应商的目的。

那么，工业（B2B）企业的品牌定位该如何做呢？

我们可以根据客户遇到问题寻求解决方案的基本认知逻辑来提炼规律……

客户是如何寻求解决方案的？

想象一个我们熟悉的场景：买午饭。

首先，或者是你自己意识到到了午饭时间，或者是你肚子饿了，或者是同事出门吃午饭时和你打了一声招呼，总之，你意识到了"需要吃午饭"这个问题。

然后你要为这个问题寻求解决方案：（1）叫外卖；（2）单位楼下有食堂；（3）你今天带饭了；（4）同事过生日，请大家吃饭；（5）上午做方案太辛苦，中午出去吃饭，捎带溜达放松下……

你会发现选择还挺多，你怎么做选择呢？如图4-1所示，方便理解。

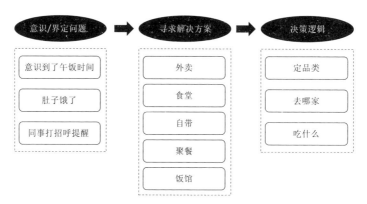

图 4-1　客户寻求解决方案的路径

根据图 4-1，你会发现：先明确品类（外卖、食堂、自带、聚餐、饭馆等），如果同品类有几家，那再选择去哪家，这时你会下意识地做出选择——去各方面都做得比较好的那家。

再比如：参加一个高端沙龙。

到了自由交流环节，你和身边的大咖互换名片，彼此认识，你会发现你下意识就会关注表 4-1 的 3 个基本问题。

表 4-1　高端沙龙场景下人们认知彼此的底层逻辑

序号	类型	问题
1	品类	他是干吗的？来自哪家公司？
2	角色	他实力如何？什么职位？
3	核心价值	他有哪些核心技能或资源，我们有哪些可能合作的机会？

事实上，在工业（B2B）企业的营销工作过程中，当客户发觉自己的问题，或者经由销售人员提示，意识到自己的问题后，寻求解决方案时的认知逻辑和上述两个我们身边熟知的例子是完全一样的。

因此，品牌定位——用最简单的逻辑，把我们带给客户不可替代的价值解释清楚，让客户认可和接受，不就是用最小的投入，实现了最高效的价值沟通吗？

如图 4-2 所示，工业（B2B）企业提炼出精准的品牌定位，并通过适当的路径和方法，把它烙刻在客户心智中，成为首选或唯一选择，就是工业（B2B）企业打造强势品牌的最佳路径。

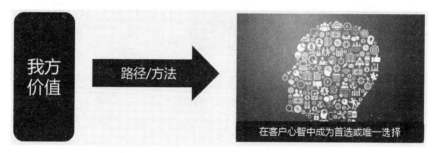

图 4-2　工业（B2B）企业打造强势品牌的路径

品牌定位 = 品类 + 角色 + 核心价值点

品牌是工业（B2B）企业重要的战略工具。

对内，凝聚人心，让老板带着骨干团队为共同的目标努力；对外，力出一孔，让所有的品牌接触点都能用一个声音说话。

有人说：战略就是决定不做什么。品牌定位就是在第一步市场调研的基础上，帮助工业（B2B）企业不断聚焦，聚焦，再聚焦，不断做减法，让企业把有限的资源聚集在一个点上，像凸透镜一样聚焦，在目标市场和客户群中高效引爆，从而达到以最小的投入，更高效地成为客户心智中的首选，甚至唯一选择的目的。

表4-2通过"体—面—线—点"来描述工业（B2B）企业战略聚焦和品牌定位的过程。

表4-2　成长型企业品牌定位的"体—面—线—点"聚焦路径

聚焦路径	说　明
体：行业	对绝大多数工业（B2B）企业来讲，经过多年经营，行业是既定的
面：品类	品类是对细分市场的选择，成为品类的首选甚至唯一选择是工业（B2B）企业目标
线：角色	角色是工业（B2B）企业根据自身能力和资源在品类中给自己找到的位置或成长路径
点：核心价值点	工业（B2B）企业品牌打造中力求找到不可替代的点，力求迅速打透，占领心智位置
备注	聚焦是个异常艰难的过程，品牌定位是目前最切实可行的方法和工具

笔者在为多家工业（B2B）企业提供陪伴式顾问服务的过程中观察发现：经过品类、角色、核心价值点的萃取和提炼，老板的战略思考更有迹可循了，公司的发展方向更明确了，公司资源的投放更有效了，骨干团队的干劲更足了……

与此同时，营销团队和客户的沟通更加顺畅了，越来越多的客户被转介绍过来，或慕名而来，客户的质量更高且关系更融洽了，最终，实现了业绩可持续增长。

拥有一个"造房子"的梦想

过去几年，笔者接触过许许多多工业（B2B）企业的老板，发现他们在过去的两年，在被"互联网思维""互联网＋""中国制造2025""工业4.0""供给侧结构性改革"等各种新概念、新思维甚至噱头轮番狂轰滥炸后，普遍觉得有些迷茫——经济下行趋势到底要延续多久？各种成本压力在大幅攀升，物价在"跑步前进"，可自己的产品单价却在同质化竞争的泥淖里苦苦挣扎……

马云说：不是生意不好做，是生意从来没有好做过；不是生意不好做，是你的生意不好做！话糙理不糙，每一次重要的经济转型，都有优胜劣汰，总有大批的工业（B2B）企业因无法适应变革而被历史的浪潮所吞没，但与此同时，更有大量的"新"企业脱颖而出，傲立时代潮头——这个"新"，不仅指适应新时代、新技术而新生的企业，当然也指能够准确抓住时代脉搏，主动顺势而为，实现转型升级的企业。而后者，之所以能够从思维上顺利转变，从业务上顺利升级，抓住新时代赋予的机会更上一个台阶，最根本的原因是他们拥有一个"造房子"的梦想。

新东方创始人俞敏洪在其著作《在痛苦的世界中尽力而为》中讲了这样一个故事：小时候我父亲做的一件事情让我至今记忆犹新。父亲是个木工，常帮别人建房子，每次建完房子，他都会把别人废弃不要的碎砖烂瓦捡回来，或一块两块，或三块五块。有时候在路上走，看见路边有砖头或石块，他也会捡起来放在篮子里带回家。久而久之，我家院子里多出了一个乱七八糟的砖头碎瓦堆。我搞不清这一堆东西的用处，只觉得本来就小的院子被父亲弄得没有了转身的空间。直到有一天，我父亲在院子一角的小空地上开始左右测量，开沟挖槽，和泥砌墙，用那堆乱砖左拼右凑，一间四四方方的小房子居然拔地而起，干净漂亮得和院子形成了一个和谐的整体。父亲把本来养在露天到处乱跑的猪和羊赶进小房子，再把院子打扫干净，我家就有了全村人都羡慕的院子和猪舍。在故事的最后，俞敏洪说：一块砖没有什么用，一堆砖也没有什么用，如果你心中没有一个造房子的梦想，拥有天下所有的砖头也是一堆废物；但如果只有造房子的梦想，而没有砖头，梦想也没法实现。

对广大工业（B2B）企业来讲，经过过去10多年乃至更长时间的积累，"砖头"其实并不缺，积累了一大堆，缺的其实是心中那个"造房子"的梦想。

"中国制造"曾经被许多人批评是赝品、假冒伪劣产品的代名词，但这样"野蛮生长"的时代已经一去不复返了，举国上下已经在奔向"中国创造"的新征程上达成了共识，现在的"苦"是心有所想，却不可得之苦。对工业（B2B）企业来讲，唯一的解药就是"回归价值"，找到心中那个"造房子"的梦想，而不是继续在捡砖头的路上拼得你死我活。

每一家工业（B2B）企业都应当做好品牌定位，给自己一个"造房子"的梦想。

品类：不做第一，就做唯一

如果让你去买一瓶辣椒酱，你会去买哪个品牌的？老干妈！如果让你去给家里买拖把，你会第一时间想起哪个品牌？大卫！如果你老家有朋友要买挖掘机，你能想起哪个品牌？徐工、三一、卡特彼勒、小松……

互联网虽然大幅减少了信息壁垒，让人获取信息的能力得到了飞速的提升，但人们的心智空间是有限的，每个品类能够让人想到的品牌一般都在3个以内，如果是自己比较熟悉的领域，可能会超过3个品类（像上面问到的挖掘机品牌，笔者就比较熟悉），更多的时候，我们只知道其中最具代表性的那一个。

再比如说：中国第一枚奥运金牌的得主是谁？本届奥运会第一枚金牌的得主是谁？中国第一位进入太空的宇航员是谁？世界最高的山峰是哪一座？

只要平时稍加留意，你就能很轻松地说出这些名字，但如果我要问你第二是谁，你会发现不仅你很难回答，即便是查资料，也很不容易查到！

这就给我们一个很重要的启发——成为第一是品牌进入目标受众心智的一条捷径！

那作为"缺资金、缺技术、缺人才"的工业（B2B）企业，我们又如何能成为品类里的第一呢？通过市场细分。

B2C市场的细分维度和B2B市场有较大区别，下面分别来说明。

B2C市场常见的4种细分维度及说明如表4-3所示。

表4-3 B2C市场常见的4种市场细分维度

细分维度	说　明
地理维度	按照消费者所处的地理位置、自然环境，如国家、地区、城市规模、气候、人口密度、地形地貌等进行市场细分
人口维度	按照年龄、性别、家庭规模、家庭生命周期、收入、职业、教育程度、宗教、种族、国籍等进行市场细分
心理维度	按照购买者所处的社会阶层、生活方式、个性特点等心理因素进行市场细分

续 表

细分维度	说明
行为维度	按照购买者对产品的了解程度、购买动机、使用情况及反应、使用者情况、使用数量、品牌忠诚程度等进行市场细分

B2B 市场常见的 5 种细分维度及说明如表 4-4 所示。

表 4-4　B2B 市场常见的 5 种市场细分维度

细分维度	说明
行业维度	根据目标客户所在的行业不同来对市场进行细分。产品较为复杂、专业技术壁垒高的市场更适合按行业维度细分。例如：煤炭、机械、汽车电子、风电、机床、铸造、地坪等
地域维度	根据目标客户所在的地域不同来对市场进行细分。产品相对简单、当地化服务要求高的市场更适合按地域维度细分。例如：华东、华南、西北、京津冀地区、长三角地区等
规模维度	根据目标客户的规模和体量来做市场细分。不同规模的客户对产品和服务的需求差别较大的情况下，适合从规模维度细分。例如：专属团队为大客户服务，一个客户经理可以服务很多小客户
所有制维度	根据目标客户的所有制性质来做细分。例如：央企、国企、外企、民企等，因为在不同所有制下，客户的需求、采购机制、对服务的依赖程度都有所不同，因此，适合从所有制维度细分
价值观维度	根据目标客户所秉持的经营理念和价值观对市场进行细分。基于B2B市场所要构建的是长期合作伙伴关系，因此，对价值观和经营理念契合度要求较高

角色：认识你自己

有一句话流传甚广："一流企业做标准，二流企业做品牌，三流企业做产品。"

有很多工业（B2B）企业家一听这话觉得有道理，回家就编撰出一句话：我们是某某某标准制定者！

有做一流企业的雄心壮志是好事，但这样的企业和一流企业之间隔着的恐怕不是一个概念，甚至有些企业也真的参与过行业标准的制定工作，但在目标市场和客户群心智中，依然是同质化的可选项，或者备选项，那依然意味着吃了上顿没下顿，在靠着机会和运气吃饭！

品牌定位帮助工业（B2B）企业在细分领域中真正找到自己的角色位置，以较小的投入，在客户心智中成为首选，甚至唯一选择。

A公司是一家做工业铝型材组装的企业，曾经服务过奔驰汽车制造厂。笔者作为第三方咨询顾问进驻企业的时候，企业的定位就是要做"工业铝型材行业的标准制定者"。

众所周知，工业铝型材是铝材简单成型加工后的产物，是个资本密集型的行业，一个年营业额不到5000万元的公司高喊要做行业标准的制定者，无异于蚍蜉撼树、螳臂当车。其实同期就有上海另外一家竞争对手，年营业额大概在15亿元，所以，这种说法只是图一时之快，对工业（B2B）企业的经营管理工作带不来任何实质性的指导价值，反倒容易让公司发展方向发生偏离，很多资源投入打了水漂。

经过市场调研和内部研讨分析，大家一致同意：我们不是工业铝型材制造厂，我们只是把工业铝型材采购进来，为客户做定制化组织服务，所以，我们其实是集成服务商。

我们要成为客户心智中首选的——工业铝型材集成服务专家。

认清自己的角色，A公司集全公司之力，在工业铝型材集成服务方向投入设计和研发力量，不断强化面向客户的定制化服务能力。两年后，其老客户关系不断升级，并有越来越多的客户被转介绍和慕名而来，经A公司设计的产品和实施的项目也成为业界学习和"抄作业"的标杆和榜样。

核心价值：不怕贵，就怕贵得没道理

随着中国经济改革开放 40 年来的飞速发展，人们的消费水平大幅提升，对产品品质和服务的要求也不断提升，需求升级是肉眼可见的事实。

即便是在 B2B 型业务中，客户专业程度也大幅提升，不管是对自身需求的理解，还是对供应商所提供解决方案价值的鉴别，能力都大大提升。

在对一家台资制造企业做外调的过程中，访谈对象是全面负责公司采购工作的肖部长，她给笔者留下最深印象的一句话是："我最讨厌的事是销售总站在我的对立面思考问题！"

她说："太多的销售来拜访，总是王婆卖瓜，自卖自夸——只会对自己公司和产品特点夸夸其谈，根本都不问我们的问题在哪，为什么需要采购；你真要问他们的产品跟其他几家同类供应商有啥不同，他们又支支吾吾说不上来，还总惦着玩点小套路，请客吃个饭啊，送点小礼物啊，不把心思往正地方用……"

事实上，她提的这个要求，对大多数工业（B2B）企业的销售来说，还真是有点难度，因为提炼公司的核心价值，不能只着眼于产品差异化的小逻辑，要从公司品牌定位的大逻辑上来找答案——B2B 型业务，从根本上来说，销售不是在卖东西，而是在与客户构建长期关系，这种差异化，甚至不可替代性要以客户为中心，从客户最想要的、我们最擅长的、竞争对手不容易做到或者做不到的这 3 个方面来聚焦提炼。

笔者在为工业（B2B）企业提供的陪伴式顾问服务中，会按照第一步中列举的市场调研方法做充分的前期调研，然后带着企业骨干团队一起来确认核心价值点。

有时候，在定制化内训中，没有机会做深度市场调研，又想让工业（B2B）企业家和营销团队体会到这个重要的核心价值点，怎么办呢？

笔者习惯采用反证法——假定贵公司这个核心价值点不存在，也就是说假定产品是同质化的，你能做的，你的竞争对手都能做，那你的最重要的客户肯定少不了被竞争对手用低价等手段诱惑，他为什么没有"背叛"你，依然不离不弃、坚定地给贵公司下订单？

他一定会有经过精确分析的理由，那这个或者说这些理由，不正是你在他心智中不可替代的原因吗？

如果将多家优质客户的这些"理由"做汇总和提炼，不就构成了公司品牌定位的核心价值点吗？

而这个核心价值点，其实恰恰就可以用来解释为什么你的产品和服务很贵，因为贵得有道理。

一切产业本质上都是服务业

为了让中小B2B企业家更加容易理解什么是"服务型制造和工业服务业"，我在课堂上常常提出一句更加绝对的话：一切产业本质上都是服务业！说实话，一开始，我也不是那么确信这个论断是不是完全正确——只是凭直觉。

随着"中国经济从高速增长到高质量增长"指导思想的确立，以及对中小 B2B 企业经营实践和研究的深入，笔者越来越发现这句话的正确性。

故事一：M 公司的转型升级实践

M 贸易公司是一家德国企业在华经销商，10 多年前，企业创建之初，高端品牌产品供不应求，他们的市场开拓自然顺风顺水；人无我有的产品差异化特性使其积累了大量高端用户，销售业绩如芝麻开花般，节节攀高。然而，近年来，随着"中国制造"水平飞速提升，在越来越多的市场领域可以做到国产替代，不仅他们感受到了市场竞争的巨大压力，连上游原厂也被逼不断向渠道商提出更高的业绩要求，如果达不到，就有可能合并或替换经销商。此时，M 贸易公司切实感受到了来自市场竞争和上游原厂的双重压力。

如何破解或缓解这种压力并掌握一定话语权呢？

M 贸易公司决心在第三方专业机构的帮助下进行转型升级：凭借多年打拼积累的优质客户资源，深化"以客户为中心"的服务理念，从以往"卖产品"的销售商，转变为提供以产品为载体的专业解决方案的服务商。

实践证明：M 贸易公司经营思路这一根本性的转变，使其离客户更近，更加有能力洞察客户需求，从而可以凭借自身多年积累的专业技能和多家原厂的技术支持来帮助客户提供个性化、定制化的专业解决方案，不仅使得原有客户黏性更强、客户满意度更高，而且显著提升了在价值链上的话语权，赢得了客户端和原厂端双重的信任和尊重。

故事二：Z 经理的创业感悟

Z 经理是原矿业设备领域知名厂商 K 公司的资深行业销售经理，多年的一线销售经历帮他聚集了非常多的优质客户和行业资源，于是他希望能够找到一些有竞争力的产品和合适的厂家，从做代理起家创业做自己的公司——就像许多年前自己现在的公司老板所做的那样。

但尝试了大半年后，他发现不管到哪家客户那里，提到自己代理的新产品，即使是"关系很铁"的老朋友，也要很仔细地了解产品的技术支撑、服务体系以及专业团队情况。毕竟，即使是以前的老国企，现在的人员也越来越年轻化，越来越讲究专业性，对产品和服务的专业性和可持续性要求也越来越高。

他越来越认清了一个现实：不同于以往代理一个好产品就能"一招鲜吃遍天"当坐商的时代，当下产品本身的同质化水平越来越高，而且这种趋势不可逆转，再想靠"倒买倒卖"人无我有的产品发大财无疑已经是"痴人说梦"了。要想从做代理起步，就必须要有专业能力、有技术服务团队，所凭借的核心能力和资源门槛明显提高了。一言以蔽之，以前创业是靠销售产品，而当下却是靠专家服务。

事实证明：不管是面向 C 端个人消费提供的产品体验，还是面向 B 端企业采购提供的以产品为载体的解决方案，归根结底，其价值都会清晰地指向服务——有形的产品只是为供求双方提供了构建合作关系的桥梁和纽带，真正能以客户为中心，面向客户的真实需求提供的解决方案，一定是包括了越来越多的无形服务价值。

众所周知：当客户提出要买钻头时，他需要的其实是墙上的孔。换言之，如果有更好的方法让他得到墙上的孔，他其实并不介意买的是不是钻头。

综上所述，中小 B2B 企业家和营销人如果能深刻理解"一切产业本质上都是服务业"这句话，那当下所面对的产品同质化、销售转化难、客户易流失等问题都会迎刃而解了。

质量好不好，到底谁说了算？

曾经无数个难眠之夜，你一万次地被生活现实所虐，在数了 1000 只羊以后依然愤愤不平——我的产品那么好，客户为什么不接受？ 37 项国家专利、高层领导点赞、荣誉证书满墙，客户凭什么不买单？

做电动执行器的刘总至今依然在茶余饭后抱怨着这世界的不公平：我的产品替代进口、填补国内空白，之所以销售受阻，是因为我太正直，不会搞关系……

在诸多工业企业里，像刘总这样想法的"工科宅男"数不胜数：他们执迷于事实，却不了解认知——客户买单，是为他们能感知到的价值买单，而不是你自认为的"好产品"。

这世上最悲哀的事莫过于：你的好，他不懂！产品的好与不好，不是你说了算，是客户说了算，是客户的认知说了算。

因此，产品的好与不好，显然不只取决于生产环节，在产品同质化的当下，还与营销环节息息相关——今天，工业（B2B）企业品牌营销，不仅是传递价值，同时也在创造价值！

特劳特先生的定位理论告诉我们，要想在客户心智中留下"好产品"

的印象，起码要了解人的心智认知规律。

模式一：消费者只能接收有限的信息。显然，在信息量暴增，连 BAT（百度、阿里巴巴和腾讯三家的简称）都从抢占流量变迁到抢占时间的当下，工业（B2B）企业品牌建立所面对的竞争甚至都不仅仅来自同类竞品——首先是信息触达和受众关注，其次才是在产品同质化的背景下，让客户记住"你的好"！这一点，在当下已经明显地加大了工业（B2B）企业品牌营销的难度。

模式二：消费者喜欢简单，讨厌复杂。这一点在工业（B2B）企业品牌营销过程中，表现尤为突出——除了恰好遇见一个与你一样的"技术宅"，没几个人愿意和你就马氏体、奥氏体或公差、粗糙度等问题跟你一聊就聊半天，何况术业有专攻，客户现在对工业（B2B）企业品牌营销的第一反应是：你们是专业公司，请直接给我选择 A，B，C。所以，工业营销人请学会讲故事吧，让你的好更感性一点。

模式三：消费者缺乏安全感。不仅是质量、成本、交期如何，还有你和你背后的公司是不是靠谱，这些对工业企业采购来讲，都是要反复考证的，在工业（B2B）企业品牌营销过程中，你不仅要证明"你妈是你妈"，有时候还要证明"你说的话是你说的话"，譬如：要借助各种佐证材料来证明你的承诺是可信的。即使这样还不够，还得通过产品试样、小批量验证，最后实现量产，建立长期共赢的合作伙伴关系。

模式四：消费者对品牌的印象不会轻易改变。如果客户心里已有他人，那这一条确实会造成很大的障碍。所谓情人眼里出西施，满眼都是"他的好"，你难免就会被各种挑剔。但这世界上最缺乏的就是永远，因为变化才是永恒不变的事实——你可以是"暖男"、可以作替补，但终究会上位成功，因为供应商一般要3家以上，你可以让他慢慢懂得你的好！

一旦反攻为守，你就更能体会到这一条的好了——工业（B2B）企业的品牌营销中，建立关系很难，但一旦成功批量供货，客户对你"情有独钟"就是大概率事件。

模式五：消费者想法容易失去焦点。"上得了厅堂、下得了厨房"的完美媳妇只在单身汉的梦中，"质量、成本、交期、体验、价值观"样样满分的供应商也只是美好想象——没有哪家企业的资源能实现所有客户关注的所有指标都优良，就算有，也敌不过某个"坏小子"竞争对手，以某一项很边缘的优势，不经意间拨动客户久被温柔惯坏的心弦：就像《泰坦尼克号》里来自上层社会的露丝被穷小子杰克深深吸引一样。

工业（B2B）企业品牌营销需要工业企业准确定位品牌核心价值，并以行动一以贯之，形成独一无二的品牌标记，并在该品类或价值点上做到极致，成为业界不可撼动的典范。

了解了人们心智的认知规律，并在工业（B2B）企业品牌营销中严格遵循，就会让工业企业的"好产品"这个事实更加清晰准确地传递到客户的心智中去，让客户实实在在地感受到你产品的好，并最终在客户心智中形成"好产品"的印象，成为他的首选甚至唯一之选。

沿着"专精特新"之路，打造强势品牌

某制造企业家发了一条朋友圈信息：2021年真是多事之秋啊！

年初是因环保限制不能生产，刚能生产了又遇见原材料价格大涨，好不容易产品价格涨上来了又遇见限电，限电还没结束又遇见暴雨和洪水，这洪水还没过去，疫情又卷土重来……

有人说：工业（B2B）企业的日子一直不好过，2021年下半年，可能尤其难过！

那么，有没有一些确定的要素可供工业（B2B）企业把握，来应对即将面临的诸多不确定性呢？答案是：有！

笔者多次在课堂上为企业家们分享过一个模型：工业企业成长四阶段框图，其中提到工业（B2B）企业发展的"定海神针"——以客户为中心。

很多人可能不以为意，这不是老生常谈嘛，不仅挂在嘴上，甚至还贴在墙上，但最终是否落在地上，体现在每个团队成员行动中，被客户真正感知到呢？

以客户为中心，体现在工业（B2B）企业的行动上，就是"专精特新"。"专精特新"工业（B2B）企业是指具有"专业化、精细化、特色化、新颖化"特征的工业（B2B）企业。

"专"，即专业化。是指采用专项技术或工艺通过专业化生产制造的专用性强、特点明显、市场细分性强的产品。其主要特征是产品用途的专门性、生产工艺的专业性、技术的专有性和产品在细分市场中具有专业化

发展优势。

"精"，即精细化。是指采用先进适用的技术或工艺，按照精益求精的理念，建立精细高效的管理制度和流程，通过精细化管理，精心设计生产的精良产品。其主要特征是产品的精致性、工艺技术的精深性和企业的精细化管理。

"特"，即特色化。是指采用独特的工艺、技术、配方或特殊原料研制生产的，具有地域特点或具有特殊功能的产品。其主要特征是产品或服务的特色化。

"新"，即新颖化。是指依靠自主创新、转化科技成果、联合创新或引进消化吸收再创新方式研制生产的，具有自主知识产权的高新技术产品。其主要特征是产品（技术）的创新性、先进性，具有较高的技术含量，较高的附加值和显著的经济、社会效益。

以客户为中心是价值导向，"专精特新"是价值创造的方法和路径。

对广大工业（B2B）企业来讲，"专精特新"是"内卷 – 存量市场时代"生存和发展的必由之路。2012 年 4 月 26 日，国务院发布《国务院关于进一步支持小型微型企业健康发展的意见》（国发〔2012〕14 号），首次提出"鼓励小型微型企业发展现代服务业、战略性新兴产业、现代农业和文化产业，走'专精特新'和与大企业协作配套发展的道路，加快从要素驱动向创新驱动的转变"。

如果只是埋头拉车，或许看见的道路是曲折的，但当工业（B2B）企业真正能够把眼光放长远，学会抬头看天，终究会看懂前途是光明的——

起码是充满确定性的。

"隐形冠军"是发展目标，"专精特新"是发展路径（见图4-3）！

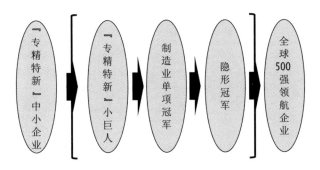

图4-3 我国中小企业成长路径

2021年7月27日，刘鹤副总理出席全国"专精特新"工业中小企业（B2B）高峰论坛并指出："中小企业好，中国经济才会好。充满活力的中小企业，多样性、差异化的经济生态，是我国经济韧性最重要的保障。'专精特新'的灵魂是创新。当前，科技创新既是发展问题更是生存问题。企业家们要以'专精特新'为方向，聚焦主业、苦练内功、强化创新，把企业打造为掌握独门绝技的'单打冠军'或'配套专家'。"①

刘鹤副总理针对"专精特新"工业（B2B）企业的最新讲话，在2021年承上启下的关键时刻，再次给工业（B2B）企业经营者们确认了方向：以客户为中心，走"专精特新"之路，与大企业协作配套发展，逐步成长为细分市场领域的小巨人、单项冠军、隐形冠军。

走"专精特新"之路，有哪些可以参考的指标呢？

---

① 刘鹤出席全国"专精特新"中小企业高峰论坛[EB/OL].(2021-07-27)[2021-07-31].http://www.gov.cn/guowuyuan/2021-07/27/content_5627802.htm

我们参照苏州科技大学商学院徐天舒和朱天一老师《中小制造企业"专精特新"导向评价指标体系设计》为工业（B2B）企业做如下归纳和整理（见表4-5）。

表4-5 专精特新企业的主要参考指标

专精特新	参考指标
总体特性	（1）销售收入增长率；（2）销售利润率；（3）净资产增长率；（4）政府产业政策；（5）社会评价；（6）人才
专： 专业化水平	（1）战略清晰度；（2）品牌定位与系统支撑；（3）专业化程度；（4）细分市场行业地位
精： 精细化管理能力	（1）质量管控体系；（2）品牌管控体系；（3）安全、环境、保障体系
特： 产品或服务特色化水平	（1）独特性；（2）不可替代性；（3）商业模式
新： 创新能力	（1）研发强度；（2）研发机构等级；（3）技术革新与改进；（4）科技成果和科技进步获奖情况；（5）两化融合、数字化转型情况

《工业和信息化部等部门关于健全支持中小企业发展制度的若干意见》明确指出：中小企业贡献了我国50%以上的税收，60%以上的GDP，70%以上的技术创新，80%以上的城镇劳动人口就业，90%以上的企业数量。从中国制造走向"中国创造"，离不开工业（B2B）企业的大力发展；实现人民对美好生活的向往，离不开工业（B2B）企业的蓬勃发展。所以，刘鹤副总理说：工业（B2B）企业好，中国经济才会好。

以客户为中心，走"专精特新"发展之路，向"隐形冠军"的目标，出发！

本 章 小 结

以品牌定位是工业（B2B）企业打造强势品牌最关键的一步，也是相对最难理解的一步。本章我们通过品类定位、角色定位以及核心价值点定位为大家剖析了工业（B2B）企业品牌定位的方法和路径。

　　掌握了上述方法，工业（B2B）企业家和骨干团队通过深入调研和反复碰撞后，就品牌定位达成了共识：对内可以凝心聚力，引导大家围绕共识目标而努力奋斗；对外可以力出一孔，面对目标市场和客户群用一个声音说话，从而达到用最小的投入来最高效地实现业绩可持续增长的目的。

　　明确了品牌定位后，在下一章，我们将围绕品牌定位进行品牌塑造工作。

第五章
第三步：品牌塑造

品牌塑造是对工业（B2B）企业品牌定位的信息化解读和呈现。

就拿河南金太阳精密铸业股份有限公司的定位"高端机床铸件专家"来讲，工业（B2B）企业所面对的市场是理性的，你如果只是简简单单抛出个新概念，人们马上会下意识质疑：凭什么？

金太阳公司就需要用典型客户案例——国际顶尖机床主机厂，如德国格劳勃、美国西屋、日本大隈、韩国斗山等，并举出在高端机床铸件领域有重大影响力的事例来佐证——2020年组织高端机床铸件研讨会、推动筹建高端机床铸件研究院等；此外，还需要在企业的 VI 视觉形象方面，包括企业往来文档、标识，企业内部办公环境、工厂环境等方面，体现金太阳作为"高端机床铸件专家"所应有的样貌；从更系统的角度来讲，金太阳公司需要通盘考虑与目标市场和客户群的所有品牌接触点（包括 PC 互联网端、移动互联网端及线下所有工作和服务场景），力求在全部品牌接触点上，都能呈现出"高端机床铸件专家"应有的状态。

本章我们从工业（B2B）企业品牌塑造的企业形象识别系统（Corporate Identity System，CIS）入手，来为工业（B2B）企业梳理品牌塑造的常用工具和方法。

品牌塑造基本功：企业形象识别系统

企业形象识别系统，是指企业有意识，有计划地将自己企业的各种特征向社会公众主动展示与传播，使公众在市场环境中对某一个特定的企业有一个标准化、差别化的印象和认识，从而更好地识别并留下良好的印象。

对工业（B2B）企业来讲，品牌塑造是对公司品牌定位诠释和信息化的过程，CIS 系统是一套非常成熟的，可以被应用的基础工具。

CIS 一般分为三个方面，即企业的理念识别——Mind Identity（MI），行为识别——Behavior Identity（BI）和视觉识别——Visual Identity（VI）。详情如表 5-1 所示。

表 5-1　成长型企业 CIS 系统及关键要素

CIS	简　介
理念识别	它是指确立企业独具特色的经营理念，是包括企业生产经营过程中设计、科研、生产、营销、服务、管理等经营理念的识别系统，是企业对当前和未来一个时期的经营目标、经营思想、营销方式和营销形态所做的总体规划和界定，主要包括：企业精神、企业价值观、企业信条、经营宗旨、经营方针、市场定位、产业构成、组织体制、社会责任和发展规划等。它属于企业文化的意识形态范畴
行为识别	它是企业实际经营理念与创造企业文化的准则，是对企业运作方式所做的统一规划而形成的动态识别形态。它以经营理念为基本出发点：对内是建立完善的组织制度、管理规范、职员教育、行为规范和福利制度；对外则是开拓市场调查、进行产品开发，透过社会公益文化活动、公共关系、营销活动等方式来传达企业理念，以获得社会公众对企业识别认同的形式

续　表

CIS	简　介
视觉识别	它是以企业标志、标准字体、标准色彩为核心展开的完整、系统的视觉传达体系，是将企业理念、文化特质、服务内容、企业规范等抽象语意转换为具体符号的概念，塑造出独特的企业形象。视觉识别系统分为基本要素系统和应用要素系统两方面。基本要素系统主要包括：企业名称、企业标志、标准字、标准色、象征图案、宣传口语、市场行销报告书等。应用系统要素主要包括：办公事务用品、生产设备、建筑环境、产品包装、广告媒体、交通工具、衣着制服、旗帜、招牌、标识牌、橱窗、陈列展示等。它在CIS系统中最具有传播力和感染力，最容易被社会大众所接受，具有主导的地位

工业（B2B）企业价值呈现的18种产品文件

前文中我们说：品牌是影子，企业是树，产品是根！

如何将公司的产品和服务价值呈现出来，使其能支持公司的品牌定位，是品牌塑造工作的又一个重要模块，我们根据工业（B2B）企业常见的应用场景，将其归纳为表5-2所列的18种常见形式。

表 5-2　成长型企业价值呈现常见的18种产品文件

序号	类　别	概　述
1	产品简介	产品要点（技术特点、主要参数、适用范围等）介绍＋标志性图片＋关键词库，可用于常规资料的撰写引用及网络营销推广等场合
2	展示PPT	产品优势详解＋与竞品对比＋针对性案例详解等，可用作销售讲解工具
3	单品样本册	产品新技术、独特卖点、差异化优势简介，要求将诉求点充分表达
4	选型目录	将产品线系列化展示，方便客户尽快锁定符合自己需求的产品
5	选型－询价表	此表可用于明确用户需求，为用户定制最贴合用户实际需求的解决方案
6	折扣定价表	包含价格方案定制过程和分级报价相关信息，方便不断维护更新
7	操作手册	又称用户说明书，用于指导用户使用产品并具备简单维护维修能力
8	操作视频	3种类型：操作方法演示讲解型、客户现场操作案例型、模拟演示讲解型
9	技术方案库	基于产品或产品组合特点，针对不同项目，形成技术方案库，组合使用

续　表

序号	类别	概　述
10	包装文件	产品质量检验合格报告＋用户手册＋机械结构图＋电气线路图＋质量合格证＋保修卡＋相关标签＋铭牌等
11	包装设计	根据产品特点，设计符合产品定位的外包装，兼顾功能与形象展示需求
12	广告单页	要求精准把握独特卖点并突出展示，用于媒体推广或产品研讨会等场合
13	展示水牌	产品特点和基本参数信息展示，可用于实物展览会、企业展厅等场合
14	展示挂图	也可采用易拉宝等形式，用于展会展示或会议推广等
15	资质文件	除了通用的发明专利、实用新型专利、商标证书外，各行业有不同的产品资质要求，如矿用产品的MA认证、防爆认证、3C认证等等
16	产品案例与用户反馈	案例和使用反馈可以让用户更切身地体会到使用产品可带来的收益
17	业绩表	业绩表是工业品招投标文件的基本要素，需要不断分行业进行维护更新
18	培训资料库	根据销售代表、经销商、技术人员、决策领导等不同群体设计培训资料

销售人员必备的7种常规武器

第一种武器：长生剑

名片和形象包装虽然是老生常谈的话题，但却往往被一线业务人员所忽略。对工业品企业来讲，销售人员是企业形象展示的最重要的窗口，是企业VI系统的重要组成部分。设计精美的商务名片、得体的穿着和行为举止无疑是销售员成功销售最基本的"敲门砖"——无论面对多大的困难，都能笑得出来，把你和企业正面积极的形象展示给客户。

第二种武器：孔雀翎

企业宣传片、宣传册（包括企业资质等）、杂志广告和专访等材料是销售人员向潜在客户和经销商展示企业形象、文化理念和业界地位的有力工具和载体。有针对性的展示能迅速赢得客户的信赖并使销售的进程加快——雄厚的企业实力是产品品质的保证，是客户信心的源泉。

第三种武器：碧玉刀

产品样本册比较完整地向客户展现了公司所提供的产品和解决方案。销售人员针对客户需求，借助产品样本册可以对能提供的解决方案进行深入讲解和沟通，掌握用户实际采购需求并促使销售进度向前发展——实实在在的解决方案是销售成功的基石。

第四种武器：霸王枪

产品简介 PPT 演示资料是你将企业产品的差异化优势充分展示给客户的利器，是让你的产品在"芸芸众生"中"脱颖而出"的点睛之笔。思路清晰、对比强烈的 PPT 将在受众潜意识中彻底建立性价比产品的"选择标准"——有勇有谋方可战无不胜。

第五种武器：拳头

典型应用案例和相关证明材料（权威认证、客户反馈等）是每个企业都有的资源，仔细挖掘和整理优化，就能成为最能打动客户的"撒手锏"。有时候，销售人员洋洋洒洒讲了一大堆企业实力、产品优势给客户听，客户却只理解了只言片语，但一个客户熟悉的同行的应用案例，往往能让他眼睛一亮，听得津津有味……

第六种武器：离别钩

一个产品模型、一份样品或一件客户喜欢的小赠品往往能加深客户对企业、产品及你个人的印象，还能深化感情。用得好的话，不仅为下一次的见面创造了机会，还为一步步走向销售成功埋下伏笔——生意不只是买卖，投入感情，你收获的不仅有业绩，还有朋友情谊！

第七种武器：多情环

业务管理表格系统是喜欢"浪迹天涯""醉卧沙场"的销售人员最为痛恨和不屑的东西，常常认为这些都是公司市场部设计出来"控制"自己、"监督"自己的。事实上，真正的销售高手明白："没有规矩，不成方圆"——没有制度准绳的"自由"不是真的自由。人都是有惰性的，自由散漫的"放羊式"管理只会葬送了销售人员成长的机会，葬送了职业生涯的未来。

因此，积极配合公司管理和考核，形成良好的工作作风，不仅能优化与各部门的协作与配合，有效提高个人销售业绩，而且能不断总结和学习，迅速提高自己，获得更多发展机会。

如何撰写典型应用案例?

还记得吗？有个广告画外音："自从我用了×××，我腰也不酸了，腿也不疼了，脚也不抽筋了，欧耶！"你可能不见得能记住到底是谁家产品用过这种例证式广告，但你不得不承认，这种说服模式的确很有效果——

铺天盖地的招商广告、医药广告，乃至商业地产广告等都热衷于采取这种模式。借用营销行业的一句话：选择营销方法，就跟进饭馆一样，哪家人多，我去哪家。

如果善加应用，这种例证法在工业（B2B）企业营销领域同样备受欢迎。

工业（B2B）企业营销，专业性强，选型难度大，责任风险高，往往涉及多人决策，因此选择会更理性，除了通过功能原理优势、资质认证保证、企业个人信誉背书，典型应用案例的恰当应用，无疑能让客户吃下一颗"定心丸"：企业销售代表往往"王婆卖瓜，自卖自夸"，把自家产品说得完美无瑕，可到底实际使用效果怎样，客户心里还是没底。但一旦有同行业应用实例，客户就能听得更明白，懂得更深入，聊得更透彻，然后顺理成章就能将销售代表之前所讲的产品优势和所提供的价值对号入位，与自身的特定需求相联系，最终，就可以在销售代表的引导下迅速进入价格谈判阶段。

其实只要细心观察就不难发现，在工业（B2B）企业营销过程中，用到典型应用案例的地方数不胜数：除了投标或谈判时客户主动要求提供数家应用案例，样本册、官方网站、培训资料、销售工具……处处都能看到案例例证的影子。因此，撰写典型应用案例是工业（B2B）企业市场人的一项基础工作，具体使用中，或繁或简，都始终离不开这个脚本。

一篇优秀的工业（B2B）企业典型应用案例，要注意突出如下3个特性。

第一，要有典型性。首先要根据目标受众群体的需求来明确案例撰写的目的和诉求，然后有针对性地选择代表性案例，最后在撰写过程中，要充分体现出此种解决方案所能为客户带来的效益和价值。

举个案例。色选机是一种颗粒状物料无损检测和分选设备，1995年逐步国产化以来，已经在大米、葵仁、茶叶等多个行业广泛使用，但直到2006年上半年，全国范围内的枸杞分选还在沿用传统的人工分拣方式。到2006年11月，第一台枸杞色选机在宁夏中宁县投入试运行。对色选机制造厂家来说，当然想尽快将其推广开来，扩大市场份额。

针对目标客户群普遍反映设备价格太高、投资风险太大的情况，厂家认真总结设备运行情况，撰写了投资分析案例。

一台枸杞色选机每天能分拣相当于120个工人的分拣量，即使按照购买设备后只赚取加工费的投资模式，加工一吨260元，一天分拣20吨，每天收益5200元，除去1名操作员工资200元，净余5000元，两个月可得30万元收益。如果大客户购买采取第三种方案，则收益更高。

在枸杞干果贸易中，干果分拣成本高、耗费人工多、加工周期长、因天气等原因损耗较大，一直是业界"老大难"问题。现在，由某公司最新研制的枸杞色选机有望一举解决这些难题：一台枸杞色选机每天能分拣相当于120个工人的分拣量，采取不同的加工方式所增加的成本对比如表5-3所示。

表5-3 枸杞分拣方案分析

方案	加工方式	投入时间	投入
方案一	雇工分拣：雇用当地人进行手工分选，支付人工工资	根据实际生产情况统计：用工120人，加工80吨需要一个月时间，即成本为120人×120元/（人·天）×30天=43.2万元	加工1吨枸杞干果约增加43.2万÷80=5400元成本
方案二	机器代加工：将原料运送到购买了机器的商户那里，支付加工费	根据色选机实际运行情况统计：代加工只需支付加工费260元/吨，几无其他成本，因此，加工80吨的成本为260元/吨×80吨=2.08万元	加工1吨枸杞干果约增加260元成本

续　表

方　案	加工方式	投入时间	投　入
方案三	自购机器分拣：需开支操作员工资和机器折旧费等	根据色选机实际运行情况统计。自购色选机进行分拣主要付出成本为：1）操作员1人工资为200元／天。2）一套设备30万元，使用寿命5年，每月折合5000元。加工80吨枸杞干果约需4天时间，因此，加工80吨的总成本为：200×4+5000÷30×4=800+667=1467元	加工1吨枸杞干果约增加约1467÷80=18.3元成本

对比发现：自购色选机进行分拣，可将每吨枸杞干果拣选所增加的成本由5400元降低至18.3元，而且由于色选机分拣速度快，可以极大缩短加工周期，从而大幅减低恶劣天气等导致的损失和风险。与此同时，采用色选机进行分选，无须对工人进行管理，也可避免人工拣选质量不稳定的弊端，可完美解决上述"老大难"问题。

通过在行业市场的培训推广和销售人员的针对性方案讲解，加上先上设备的大中型企业的示范效应，该厂家枸杞色选机的销量在短期内急速增加。

第二，要有冲突性。如果工业（B2B）企业典型应用案例只是罗列产品优势和解决过程中产生的技术数据，虽有一定的参考价值，但终究过于枯燥乏味，或许只有喜欢钻研的技术工程师能埋头看下去。但如果能有冲突性，就显得更有吸引力了。

举个案例。澳大利亚B钢铁公司的一个扩建工程要安装一条1800mm的钢丝绳芯皮带，ST6000，接头长度为6700mm，总承包商Goodyear承诺整带使用寿命不少于15年，但接头施工过程中发现：由FC公司提供的输送带接头硫化机，硫化板加热温度均匀程度达不到Goodyear公司的设计要求，整个工程进度受到很大影响，工期延误情况严重。Goodyear 不得已向 Shaw Almex 公司澳大利亚分公司求援，请求其在短时间内生产一台 Almex 硫化机来弥补损失。

最终，Shaw Almex 公司发挥全球整合资源的优势，在争分夺秒的 19 天时间里生产出一台硫化机并空运至现场，经 Goodyear 专家团队现场测试：硫化板加热温度均匀程度达标，且压力和其他参数完全满足工艺要求。

由于 Almex 输送带硫化机的可靠性及快速加热和冷却的高效能，被延误的工期在一定程度上有所赶回。

此案例像一篇小故事，读来趣味盎然，不仅丝毫没有削弱所要向受众强化的信息，反而通过对比，使要表达的诉求更加形象生动和突出。

第三，要有启发性。世界上最有效的说服，不是让对方哑口无言，而是让其若有所思，继而有所感悟，采取行动。工业（B2B）企业典型应用案例，其受众多是理性分析和决策者，一味将某种观点强加于他，大多数时候会将他逼到反面，他往往不会屈服于咄咄逼人的气势，因此，提供事实并予以引导，是比较有效的方式。

举个案例。钢丝绳芯输送带作为重要运输设备中的"危险部件"，主要用于矿井输送、港口码头装卸、物料输送等运输领域。长期以来由于缺少科学可靠的检测技术，钢丝绳芯输送带一直是安全监管的难点，断带事故时有发生，对员工的生命安全和企业的财产安全构成巨大的威胁。

2008 年 12 月 3 日，香山公司主斜井高强度皮带发生断裂事故，损失惨重。

2008 年 11 月 10 日，河北某煤矿主斜井皮带断裂，造成 4 人死亡，13 人受伤。

2008 年 11 月 27 日，安徽巢湖市无为县汤沟镇群利闸砂站发生胶带输运机皮带断裂事故，造成 3 人死亡。

2008 年 9 月 26 日，重庆榆阳煤矿发生断带事故，损坏托滚架 154 组，损失惨重。

山西某大型国有矿业集团在过去的 6 年间，曾发生 7 起断带事故，影响生产时间 400 小时，不仅严重损坏了矿井的生产设施，而且严重影响产能，人员伤亡、财产损失惨重。

河南某大型国有矿业集团在过去的 10 年间，共发生断带事故 24 起，累计影响生产时间超过 1800 小时；其中，15 起断带事故发生在接头处，占断带总数的 60%。人员伤亡、财产损失惨重。

以上的案例虽只是陈述事实，却在略显沉重的氛围中指出了钢丝绳芯输送带的重要性，这时若介绍一款安全系数更高的同类产品，便能更容易获得受众信任，让他们对深入了解其产品产生浓厚的兴趣。这样的营销案例堪称佳作。

在工业（B2B）企业营销中，典型应用案例的恰当应用，往往胜过辞藻华丽的千言万语，工业（B2B）企业市场人应当掌握其撰写要点，并培训和引导销售人员在方案讲解中善加利用。

如何撰写渠道招商手册？

渠道招商手册是工业（B2B）企业招募渠道商的指导性文件，其重要性不言而喻。它不仅是渠道商了解和选择企业及产品的重要窗口和依据，而且是指导工业（B2B）企业招商工作的规范性文件。一般来讲，一份优秀的渠道招商手册应阐明如下四部分内容。

项目概述：为什么要加盟？

首先要对公司进行简要介绍，让渠道商了解企业的过去、现在和未来，建立对企业实力的信心，激发对企业美好未来的向往。一定要辅以"证据"：企业所具备的重要资质、获得的重要奖项、重点合作企业，以及媒体对企业的相关报道等。

其次要对产品线进行介绍，让渠道商了解公司产品线包括哪些产品、有哪些独特优势、产品在目标市场上的使用情况和客户反馈等信息。

再次要综合项目和产品的市场优势、产品优势、技术优势、品牌优势、资金优势、管理优势、团队优势、服务优势，向渠道商介绍项目前景和加盟优势，为其描绘未来发展蓝图。

最后，要列明企业招商对象。招商是一个双向选择的机会，企业要根据产品的市场定位、产品特点、渠道特点来确定适合自己的渠道商群体。事实上，在列出这些招商对象的同时，企业往往就会根据这些招商对象的特点为其定制好大概的加盟和运营方案。

加盟指南：怎么加盟？

在渠道商基本确定加盟意向后，最希望了解的当然是如何加盟的问题。

作为企业方，首先应该阐明加盟条件：符合哪些条件，方可拥有加盟渠道的资格；审核渠道商资格，其需要提供哪些资质和文件，例如渠道加盟申请书、业务开展计划书等。

其次要逐一介绍企业加盟流程、加盟政策、加盟细则等。

最后要根据招商对象特点或者企业设定的渠道商级别来做出标准投资方案，供渠道商参考和深入了解项目运营情况。

业务指南：如何运营？

工业产品种类繁多，相关企业的经营状况千差万别，因此，如下业务指南只就最基本的模块做一简要说明。

（1）订货与发货。这是加盟协议里最基本的条款：采用什么方式发货，供货周期如何保证，采用何种方式结账，等等。

（2）奖惩机制。想要什么样的结果，就要制定什么样的考核指标，奖惩机制是渠道商管理中比较复杂的部分，涉及销售额、到款率、服务满意度及窜货违规等问题。

（3）价格调整。近年来物价涨幅很大，如何确保在需要进行价格调整时能有效保护各方利益不受损失，需要事先达成共识。

（4）信息通报。企业与渠道商之间保持信息沟通顺畅是渠道正常运营的关键因素，企业可以通过企业简报、短信群发、专人负责及电话邮件沟通方式，搭建起互动沟通的桥梁。

（5）可获得支持。渠道商一般可以从企业获得包括品牌、产品、销售、运营及管理等方面的培训支持，还可以获得产品宣传资料、商务礼品、施工人员工服等推广支持。工业（B2B）企业市场部在渠道招商手册中应明确列出。

成功案例：学习好榜样

工业（B2B）企业需要总结成功案例，树立渠道商榜样和标杆，并结合企业自身资源和产品情况，从样板渠道商的形象标准化、制度化管理、团队培育和成长、业绩稳定增长等方面，为意向渠道商做详细介绍。这样不仅能有效增强其对企业和产品的坚定信心，更能使其学习先进的运营理念和措施，帮助其在实际运营中尽快实现盈利，以及形成良好的管理思路和氛围。

当然，套路是死的，人是活的。工业（B2B）企业市场部可以在上述套路的基础上，根据企业自身的发展阶段和资源优势，做出各种符合特定企业发展的渠道发展规划及招商手册。

品牌塑造，不是虚假包装

品牌塑造，不是包装出自己没有的品质，而是如何挖掘和让自己不可替代的价值点显性化、最大化，并以更低的成本让更多人看到。

尽管品牌的重要性已经被越来越清晰地感觉到了，但还是有很多人、很多时候提及品牌觉得"虚"，甚至说起打造品牌，往往想到的就是"包装""噱头"一类的词。

品牌是隐身于商标、LOGO、VI 这些呈现元素背后的品质和品位；品牌像树的影子，而产品和服务体系的品质和品位才是树本身，其身不正，忙活着摆弄影子，等同于掩耳盗铃。

有人说：美丽的皮囊千篇一律，有趣的灵魂万里挑一。对品牌来讲，有形的产品可能被同质化，做品牌的方法和渠道可能被模仿，但品牌的"灵魂"却永远遗世独立，那种灵与肉的统一，永远无法被抄袭。

因此，真正的品牌运营，帮企业做品牌，并不是人为拔高、各种粉饰、夸大吹捧出一个连自己都觉得陌生的所谓"品牌"，而是通过"强势品牌打造七步法"，一步一个脚印，让企业成为最好的自己！

综上所述，专业的品牌塑造，不是虚的，不是忽悠，不是假装出自己没有的品质，而是深刻自省，挖掘自身优势并聚焦，让自己"灵肉合一"，优点最大化，让品牌成为产品"带着香气的灵魂"，并为众人所知，仅此而已。

本 章 小 结

品牌定位是原点，品牌塑造是以这个原点为圆心，从不同层面和维度来解读、信息化编码的过程。本章从 CIS 系统入手，为工业（B2B）企业介绍了常见的 18 种产品价值塑造文件、7 种销售人员必备工具，以及典型应用案例和渠道招商手册的实际撰写方法，供工业（B2B）企业打造强势品牌时应用和参考。

在下一章，我们将从工业（B2B）企业与目标市场和客户群接触的三度空间入手，梳理全网营销平台搭建的方法和要点。

第六章
第四步：平台搭建

平台是工业（B2B）企业打造强势品牌的基础设施，泛指需要在公关借势和媒介传播中用到的机构、媒介及人员等。

平台搭建是指在正式进行市场运营之前，先根据品牌定位的指引，梳理和挖掘相关平台资源，排兵布阵，做好准备。

本章主要介绍工业（B2B）企业日常工作中适合运营的 27 种平台，它们基本上涵盖了常见的品牌接触点。在此基础上，本章对微信、抖音等几个热门但又常常被困惑于怎么应用于工业（B2B）企业，尤其是 B2B 业务的工具用法做了深入阐述。

新媒体方兴未艾，全网营销势在必行

说是新媒体，其实也不算新了。

新媒体是指继报纸、期刊、广播、电视四大传统媒体之后出现和发展起来的媒体形态，是主要利用数字网络技术、移动技术，并通过互联网、无线通信网、有线网络等渠道，通过电脑、手机、数字电视机等终端，来为媒体受众提供各类信息和娱乐服务的传播形态和媒体形态。具体包括：

互联网、网络广播、网络电视、手机电视、IPTV（交互式网络电视）、数字杂志、数字报纸、数字广播、手机短信、移动电视等。

相比传统媒体，新媒体传播速度更快、覆盖面更广、互动性更强，其集文字、视频、音频于一体的优势给人们带来了全新的体验。它主要有 6 个显著特征，如表 6-1 所示。

表 6-1　新媒体的 6 个显著特征

新媒体特征	说　明
多维互动	新媒体为媒体和用户、用户与用户之间搭建了反馈和互动的平台，这种深度多维互动模式彻底改变了人们获取信息、生活消费的方式，具有划时代的意义
主动参与	与传统媒体被动接受信息不同，新媒体受众可以主动参与媒介信息的筛选、复制、传播等过程
高效传播	新媒体平台迅捷高效且十分多元化，信息飞速更新，海量信息内容供人们实时查阅参考，极大提高了人们的生活效率
社群裂变	新媒体日新月异的发展让"同道为伍"成为可能，人们可以根据自己喜好自主选择并便捷地形成一个个社群，进而可以根据不同兴趣和话题不断裂变出更多小社群，用户可以在社群内持续交流和互动
碎片信息	与传统媒体时代相比，新媒体时代的信息呈几何级数暴增，媒介数量呈爆炸式增长，信息来源更加多元化，几乎人人都是信源，从而让信息碎片化成为必然
全网连通	随着传统媒体的数字化转型，不同媒体之间连通性也越来越强，并且根据不同媒体的特点，信息呈现出不同的形态，并能持续互动和传播

新媒体伴随数字化时代而生，迄今也走过了几十年的历程，随着广播、电视、报纸、杂志等传统媒体纷纷进行数字化转型，对工业（B2B）企业来说，一个全新的、更适应全网营销的全媒体时代已经到来。

新媒体营销是指借助新媒体所开展的营销活动。

相比传统媒体营销只能让企业和产品的信息传播得更广，起到信息告知、受众说服和提醒的目的，新媒体营销不仅能对媒体获取访问量进行监控，而且能够大量采集用户信息，实现精准数字化营销。

新媒体营销的蓬勃发展，给工业（B2B）企业带来了前所未有的机遇——如果能顺势而为，善加利用，能起到四两拨千斤的作用，在不需要增加很多营销投入的情况下，能大幅提升与目标市场和客户群价值沟通的效率，从而有效促进销售业绩可持续增长。

与此同时，新媒体营销也给工业（B2B）企业带来了诸多烦恼——因为工业（B2B）企业缺资金、缺技术、缺人才的特点，面对铺天盖地的新概念、新工具、新方法，大部分工业（B2B）企业家和营销人有些应接不暇：（1）试错成本很高，到底要不要做第一拨吃螃蟹的人？（2）营销工作压力大，谁来做这些无法保障业绩的事？（3）新媒体工具层出不穷，如何能与当前的营销工作深度融合，快速见成效？

为了解决上述问题，笔者结合多年服务工业（B2B）企业的经验，提炼出"以客户为中心"的全网营销模型，分天网、地网、人网三大类场景，将工业（B2B）企业营销工作囊括其中。

传播学大师麦克卢汉说："媒介是人的延伸！"

这一石破天惊的论述带给我们巨大的启发——在工业（B2B）企业营销工作中，我们追求以最小的投入，获得最大的与目标市场和客户群价值沟通的成效，那么，一切能够帮我们与目标客户达成价值沟通效果的工具、通道和平台，都可以视为媒介，因此，工业（B2B）企业全网营销模型中，我们特别纳入全媒体概念，譬如：地网中的销售人员，技术服务人员，与目标客户互动沟通的公司高层、展会、技术交流会等都可以视作工业（B2B）企业品牌传播的"媒介"。

全网营销之天网九式

时至今日，大部分人还是习惯使用电脑来处理日常工作，通过 PC 端互联网来搜索和查找工作信息，因此，对工业（B2B）企业来讲，借助 PC 端互联网来展示自己企业的新闻动态、产品信息，让更多的潜在客户看到，从而获取客户线索，依然是营销推广工作非常重要的一个模块。

移动互联网虽然有高便携性、高隐私性、应用轻便的特点，但其屏幕小、页面切换频繁、多任务切换不方便、容易被干扰等不足也让用户感到用它来处理工作任务有些先天不足。

于是，有人总结：PC 端互联网更适合内容制作，而移动端互联网络更适合内容获取。粗略看来，前者更像是"工作工具"，后者更像是"消费工具"。

对工业（B2B）企业来讲，可以充分利用好 PC 端互联网覆盖面广、长期有效、成本低的优势，坚持长期布局内容，做好客户身边的"阿拉丁神灯"，在客户需要的时候，帮助客户提供全面、专业、详尽的专家建议。

第一式：官网——再省也不能省门面

如果现在打开搜索引擎，输入贵公司的简称或主要产品名称，其官网是否能立刻显示在搜索引擎的前三位，甚至第一位？

按说做到这点并不难，但遗憾的是很多工业（B2B）企业连这点都没做到——有的找不到官网，即便输入公司全名也是很多行业网站及企查查、天眼查等平台型网站上附带的一条信息，或者是招聘网站采集的碎片信息，甚至翻了3页都找不到这家公司的官网到底在哪，最后让人不免心中存疑——这是家皮包公司？只是倒买倒卖做贸易的？

有的偶尔会显示"404"，或者会显示没有通过备案，或者显示有安全隐患、木马信息，再或者"正在维护建设中……"；等等，请您站在来访者角度琢磨下：这让客户怎么看？事实上笔者曾经好几次遇上查阅工业（B2B）企业官网但打不开的情况。

或许因为当下很多人觉得移动互联网的流量更大，不太注重PC端互联网的营销推广工作了，但工业（B2B）企业的很多业务都是面向企业用户的，在工作场景下，用电脑来搜索和查阅的不说绝大多数，起码还是有相当高比例的，因此，作为工业（B2B）企业的门面，官网的建设、维护与及时更新还是要引起足够的重视。

第二式：博客/论坛——权重高的免费宣传队

从大多数企业用户角度来说，阅读专业性较强、内容有深度、篇幅较长的文章还是会习惯性地用电脑，而且，PC端互联网的内容是相对持久和稳定的，这比较符合工业（B2B）企业的信息发布特征——不管是公司信息，还是产品信息，都是可以被互联网记忆，并长期供目标受众浏览的；而不像移动端互联网，信息几乎随时随地在更新变化。

相比而言，像知乎、豆瓣、天涯、新浪、搜狐、网易、腾讯等平台流量大，搜索引擎权重高，值得工业（B2B）企业花时间和精力做信息发布及互动维护。

这些平台开发和维护的好处是免费，不需要工业（B2B）企业花一分钱，但缺点是见效慢，你不能指望发几篇文章，做几次互动就收获多少潜在客户线索，它们对目标受众的影响更偏向"润物细无声"，静静地告诉目标受众：为什么我们是你的首选，甚至唯一选择。

第三式：行业站——让江湖上到处有你的传说

行业网站和论坛是垂直细分领域非常重要的品牌推广及信息获取平台，时至今日，能够存活下来的都已经聚集了大量的行业资源，其价值和行业协会等传统组织越来越像，但又更加市场化，运营思路更灵活，特别值得工业（B2B）企业重视和用好用活。

例如，前面案例中提到的河南金太阳精密铸业股份有限公司为了更快进入机床行业，真正成为高端机床铸件专家，就选择和机床商务网（www.jc35.com）进行合作，用最短的时间，利用专业杠杆，快速实现品牌传播。

在做好与最核心行业网站的合作后，工业（B2B）企业还可以尽自己所能将公司和产品信息广泛地发布到各类泛行业网站和论坛上，让行业江湖上到处都有你的传说。

第四式：百度系——百度八大金刚

百度是当前 PC 端互联网最重要的流量入口，堪称霸主。工业（B2B）企业一定要善用百度平台资源来做自身品牌推广工作。

其中笔者总结了特别适合工业（B2B）企业投入精力去用好的八大金刚。

百度百科：搜索引擎权重极高，收录要求也越来越高，早收录早安心。

百度文库：搜索引擎权重极高，特别适合吸引专业目标受众来查阅。

百度知道：通过专业问题引流，所吸引的目标受众比较精准。

百度贴吧：工业（B2B）企业行业和品类比较细分，可以占据相关关键词。

百度经验：适合对专业目标受众进行引流，让客户感受到我们的专业性。

百度图片：在图片制作成本并不高的当下，把资源充分利用起来。

好看视频：视频满天飞的时代，细分领域的视频更会吸引专业的流量。

百家号：工业（B2B）企业免费软文发布平台之一，百度的网要撒大些。

在百度搜索引擎一家独大的情况下，它给自己的嫡系应用权重就高，我们中小企业除了应用好上述百度系平台的八大金刚外，还能有什么别的选择呢？

第五式：阿里/腾讯/慧聪/360/搜狗系——B2B在线商圈

在PC端互联网时代，BAT的大名威震江湖。时至今日，尽管流量的天平已经彻底倒向移动端互联网，但英雄迟暮，余威尚在，尤其对工业（B2B）企业来讲，如果能利用相关同事平时相对空闲的时间把这些可能吸引来流量和线索的B2B型平台都填补上空白，也是不错的获客及向目标市场和客户群呈现价值的途径。

为什么这么讲？

这是由工业（B2B）企业自身的特点和PC端互联网的特性所决定的。工业（B2B）企业的经营是长周期的，对企业家来讲，这是一份事业，像孩子一样不断茁壮成长，而不是赚快钱的买卖，赶紧催熟成交，拿钱跑路，或者啥能赚快钱就干啥。在阿里系、腾讯系、慧聪系、360系，以及搜狗系平台发布的信息，能被PC端互联网在较长的周期里被记忆，被目标受众搜索到，从而影响到目标市场和客户群的认知和决策。

重要的是，做好这项工作所花的时间精力并不多，具有一劳永逸的特点，且没有太高的技术门槛，适合工业（B2B）企业安排刚入门的新人来做。

第六式：头条系——跟上流量趋势

字节跳动公司在移动互联网时代大放光彩，通过今日头条、抖音、西瓜视频等数十款遍布移动端和PC端的应用，俨然已经成为新时代的流量江湖霸主。

凭借着比PC端互联网大佬们更加先进的算法推荐机制，以今日头条为代表的新一代媒介平台让我们感受到了数字化营销的威力——对工业（B2B）企业来讲，新的算法机制能为细分领域的品牌推广赋能，使其与目标市场和客户群的对接更加精准，如果善加应用，不仅能有效促进工业（B2B）企业的获客精准度，而且能开发出更多面向未来的获客新渠道。

第七式：多媒体——全媒体触点覆盖

这是一个信息大爆炸的时代，更是一个"眼耳鼻舌身意"被全方位笼罩的时代。

在PC端互联网，工业（B2B）企业除了用文字来呈现企业的价值主张和产品的优势、特点等信息，还可以用视频、音频等更多种类型的媒介信息来更加生动地表达。例如，可以通过爱奇艺、腾讯视频、搜狐视频、优酷网、土豆网、PP 视频、哔哩哔哩等网站，也可以通过腾讯课堂、网易云课堂等与目标市场和客户群进行互动沟通。

第八式：付费软文——把钱花在刀刃上

付费软文是一种另辟蹊径的借力传播方式。

工业（B2B）企业往往体量小，或许在自己细分行业内声名赫赫，但缺乏大众影响力，所以大众媒体，如凤凰网、中国网、人民网、环球网、搜狐、新浪、央视网、中华网、新华网、腾讯网等平台很难主动刊登企业信息，但有些场合，例如百度百科的信息编辑又必须用这些大平台来背书，怎么办呢？工业（B2B）企业可以通过付费将自己合规的软文发布在这些大平台上。

在日常品牌推广中，工业（B2B）企业也可以通过这些大平台发布重要活动信息，借这些大平台的品牌赋能，起到四两拨千斤的作用。

第九式：SEM 百度推广——明白花好每一分钱

百度搜索引擎 SEM 推广是工业（B2B）企业非常重要的一种 PC 端互联网推广方法。在有专业团队运营的情况下，投入大，收益也大。

SEM 推广特别适合"小客户"型业务的推广——比方说笔者有家客户 K 公司是做高效地坪研磨机生产和服务的，它的客户是遍布全国的优质地坪施工商。这些客户体量小，很多是个体户性质；地坪研磨机是一种工具型设备，单价比较低。因此，在客户集中度比较低的情况下，采用直销方式获客成本太高，而用好包括百度 SEM 在内的在线获客方式，形成组合能大幅降低营销投入，获得更高的收益。

但不是所有企业都必须做 SEM 推广，"大客户"型业务就没必要——前文提到的河南金太阳公司，因为其主要客户是国际高端机床品牌商及国内细分领域高端机床厂，目标客户是哪些，通过市场调研都可以直接拉出清单来，不需要通过 SEM 推广来引流获客。

因此，对工业（B2B）企业来讲，搜索引擎 SEM 推广，一定要算账，明白花好每一分钱。

全网营销之地网九式

因为工业（B2B）企业打造强势品牌，是以与目标市场和客户群建立长期共赢关系为基本目标而开展的一系列工作，所以，我们所说的全网营销是以客户感知价值为导向实施品牌整合营销，全面覆盖和管控关键品牌接触点，用一个声音说话，影响目标市场和客户群，最终实现在目标客户心智中成为首选，甚至唯一的过程。

品牌整合营销不同于传统基于媒介传播工具而言的整合营销传播，而是以品牌为战略引领，以帮助工业（B2B）企业实现业绩可持续增长为落点的全局性的营销实践，其中就包括 9 种地网营销方式。

第一式：销售 / 渠道商——人人都知道的秘密

工业（B2B）企业打造强势品牌，销售的作用举足轻重。

销售不仅是客户价值沟通平台，也是信息传递的媒介，是工业（B2B）企业最为重要的品牌接触点。

可以毫不夸张地说，在很多客户看来，销售什么样，公司就是什么样。销售是工业（B2B）企业的形象代言人、新闻发言人，也是与公司建立长期合作共赢关系的第一责任人。

第二式：行业协会 / 商会 / 社群——不只是吃吃喝喝

"人以群分，物以类聚"，行业协会、地方商会是细分领域企业聚集的重要组织形式，也是工业（B2B）企业强势品牌打造的重要场景——因为工业（B2B）企业品牌所面对的主要目标市场和客户群往往就聚集在以协会和商会为主的社群组织里。

对以"微信群"为代表的新媒体社群，工业（B2B）企业也要引起足够的重视。这种新兴社群和细分社群在工业（B2B）企业营销获客、客户关系转化及客户关系维护等工作中都发挥着越来越举足轻重的作用。

这种社群类聚的品牌传播形式，具有很强的"漫反射"效应，它很多时候并不完全受控于发起的工业（B2B）企业，而更像是"口碑"效应的放大器，特别适合工业（B2B）企业"专精特新"品牌的推广和传播。

第三式：展会论坛——反客为主好时机

总听工业（B2B）企业的老板和营销人说：展会有用吗？感觉国内的展会效果越来越差了，来参观的客户质量越来越不行了，每次展会都是熟悉的展商互相捧场，很鸡肋。笔者常回答说：不是展会没用了，是你没理解展会真正的价值，所以，逢场作戏地参展、走马观花地看展，确实意义不大。

如果工业（B2B）企业能透过展会喧嚣的表象看到其背后的实际价值——展会是行业资源的聚集地，你就不舍得轻易放过每次好展会的机遇了！

简单起见，为了理解重点展会和论坛的价值，请回答3个问题：

（1）如果你是区域销售经理，现在在你的辖区内组织行业重点展会，你会怎么做？是不是请公司投入，用来维护老客户及激活辖区内各种市场资源？是不是想方设法邀请来待开发的潜在目标客户？没法来的在展会后赶紧跟进拜访？对比你自己背包上门拜访、请客吃饭，是不是效率高了很多？是不是有鸟枪换炮的感觉？

（2）如果你是市场团队成员，你是傻乎乎站在那里等访客来，招呼一下收集几张名片，没人的时候还偷空摸鱼刷会儿抖音、微信，还是抓住机会争分夺秒地对老客户进行访谈调研，对新客户进行需求了解，对行业上下游资源进行开发对接，甚至对竞争对手进行调研，多掌握些行业信息和动态，多结交些业界大咖和好朋友呢？

（3）如果你是工业（B2B）企业家，你有没有意识到行业展会或论坛是市场调研及了解行业动态、市场走势，与重点客户升级合作关系，与行业资源和人脉构建共赢的最佳时机呢？

展会有没有用，不取决于某一次展会本身的组织有多成功，而在于工业（B2B）企业能不能把展会这个工具和平台的价值给挖掘出来和应用起来。

第四式：行业媒体——行业资源聚集地

有人说：传统媒体没落了！确实，乍一看，别说行业期刊了，就是当年如日中天的电视台、广播和国家级的报纸杂志等传统媒体都在新媒体摧枯拉朽的冲击下瑟瑟发抖了。

但你想过没有：行业媒体的背后是什么？

期刊只是一种媒体，行业媒体的背后往往是业界顶级的行业资源，工业（B2B）企业如果能善加利用这些行业资源，与行业媒体单位合作共赢，自然能起到以小博大的作用。

第五式：技术培训会——让对手都服你

技术培训会是工业（B2B）企业市场上常用的一种品牌推广方式。

它既可以是对客户的增值服务，也可以是新产品促销的好方法，结合起来用也没毛病，特别适合"专精特新"的工业（B2B）企业来应用，投入少，收效非常明显。

给笔者印象很深的是 Z 客户——国内饲料机械行业的龙头企业，它的"饲料机械行业人才计划"每年面向全国重点饲料厂技术人员开办技术培训班，每人每期收取 2500 元培训费，每期报名都爆满，学员满意度很高，而它作为业界老大的品牌地位也越来越稳固，销售工作也越来越轻松，更多的客户都是通过客户转介绍，口口相传，慕名而来。

第六式：技术交流会——产品迭代入口

技术交流会是与客户之间进行深度交流的一种重要方式。

在服务老客户的过程中，产品使用过程中的问题，或者一些技术攻关难题，都可以采用专题技术交流会的形式进行深度交流和解决。

在开发新客户的过程中，需要针对产品的特点和应用给客户做详尽深入的介绍及演示，这时也会用到技术交流会。

越来越多的工业（B2B）企业认识到：能够深刻洞察客户的问题和需求，提供专业的解决方案才是我们的生存之道，而不是一心只想卖东西给客户，不管客户是"啥病"，我都只想把手里的"药"（产品）端给你。

第七式：客户巡访——想客户之所想

常言道：善战者无赫赫之功，善医者无煌煌之名。与其让客户遇到问题才火急火燎地找售后解决问题，不如帮客户把问题解决在萌芽之中——预防问题发生才是上策。

工业（B2B）企业可以通过"客户巡访"——想客户之所想，急客户之所急，把服务做到极致。客户巡访不仅能帮公司技术服务团队减轻工作压力，帮销售团队获得更多的订单机会，而且能非常有效地近距离完成品牌推广工作，一举多得。

例如：某减速机厂家已经形成惯例，每年秋季都在全国范围内进行客户巡访工作。巡访车车身喷绘公司标识和巡访主题标语，由销售＋市场＋技术服务工程师团队协同作业。这一行为使得企业在目标市场和客户群中形成了良好的口碑效应，逐渐成为某些区域市场减速机的首选甚至唯一品牌。

第八式：事件营销——言行一致有胸怀

所谓通过"事件营销"进行品牌推广和传播，对工业（B2B）企业来说，更多的是用巧劲——在实际做事的同时，通过公关借势和品牌传播在目标市场和客户心智中建立品牌影响，这一点不同于"造噱头"，虚张声势。

例如：在前文中提及的由中国铸造协会牵头、在河南新乡举办的"中小铸造企业转型升级高级研修班"，本身是顺应中国经济由高速增长转向高质量发展的大背景下，中国铸造协会为推动铸造行业内工业（B2B）企业转型升级而采取的一项措施，是帮身处转型升级水深火热之中的中小铸造企业找出路、找方向的重要举措，河南金太阳精密铸业股份有限公司愿意挺身而出，分享自己的成功经验给同行，也是成功地完成了一次"事件营销"——在中国铸造协会的加持下，让全行业看到了一个转型成功、质量过硬、敢于担当、乐于奉献的中小型树脂砂铸铁件专家形象。

第九式：高层互访——构建 3A 客户关系

已经有越来越多的工业（B2B）企业意识到：我们跟客户的关系不是交易关系、买卖关系，而是伙伴关系、鱼水关系。

不同于做生意的买卖关系，交易完成，关系就终止了；工业（B2B）

企业与重点客户之间往往是长期合作的关系——这就要求我们必须以"结婚成家过日子"的心态来处理与重点客户之间的合作和分歧，而不能以"谈恋爱过家家"的方式来彼此猜忌，甚至对抗。

除了客户经理代表工业（B2B）企业做好日常客户关系维护，高层互访是非常重要的技术动作。

老板（高层）的认知和价值观基本上是工业（B2B）企业发展高度和系统能力建设的天花板，越是希望建立长期合作关系的客户，越需要老板和老板之间能够进行更深层次的沟通，因为质量、成本、交期代表当下表现出来的品质和系统能力，而老板（高层）的认知和价值观代表未来的服务品质和系统能力。

高层互访，不是你好我好大家好，一起喝喝茶、吃吃饭那么简单，而是在搭建两家公司更高层的合作框架，当两家公司对未来发展的方向和目标有了共识，那合作中有再大的难题，都可以站在"我们"的立场来协商出最优解。

全网营销之人网九式

2021 年 7 月，由人民网发布的《中国移动互联网发展报告（2021）》显示：截至 2020 年 12 月，中国手机网民规模已达 9.86 亿。

海量的移动互联网用户和日新月异的新技术发展给工业（B2B）企业打造强势品牌的工作带来了挑战和机遇。

挑战是指工业（B2B）企业人力物力财力有限，大量的新技术涌现，让老板和营销团队应接不暇，工作变得更加忙碌和杂乱；机遇是指移动互联网的诸多新应用方便了工业（B2B）企业和客户的沟通和交流，增加了很多低成本的品牌传播触点，让工业（B2B）企业可以用更低的成本，与客户更高效地沟通，甚至能在有效降低客户服务成本的同时，提升客户满意度。

本章归纳和总结工业（B2B）企业常用的 9 种移动互联网工具，供老板和营销人员在日常工作中参考和使用。

第一式：朋友圈——做最好的自己

我们常说：路遥知马力，日久见人心。朋友圈可以让这一切加速。

目前，就建立信任而言，微信无疑是坐头一把交椅的好工具。想象一下这些场景：新加一个好友，你想知道一下他（她）是个什么样的人，你就可以直接打开其朋友圈，其脾气秉性、日常关注点和喜好，是不是就能一览无余？如果还不能确定，你大可以时不时关注下朋友圈，让时间来告诉你真相。

当然，也有一些工业（B2B）企业把员工的朋友圈用得太狠，让员工的朋友圈变成了公司和产品信息发布的广告平台，其实这样做大可不必。

赢得信任最简单和高效的方法其实很容易——做最好的自己。

包括在朋友圈做最好的自己，展现一个积极向上的形象，会更有利于获取朋友的信任。

第二式：微信群——弱关系管理神器

你有没有发现因为微信群，这几年人们交往的圈子比以往扩大了很多倍？你不仅能通过微信群很轻松地找到失去联系多年的朋友，还能结识曾经只在电视镜头里、书报杂志等媒介上看到的大咖。

自然而然，对工业（B2B）企业家和营销人员来讲，你通过微信，尤其是微信群工具能发掘到很多你希望建立关系的客户联系人，但更重要的是，你还可以通过微信及微信群的互动来逐渐实现弱关系到强关系的转化。

这在以往，可能需要花费大量的时间和精力。想方设法托付很多熟人关系才能做到的事情，现在通过微信和微信群，瞬间变得容易了。

第三式：微信公众号——低成本做内刊

很多工业（B2B）企业对微信公众号又爱又恨——爱它是因为微信公众号在移动互联网时代给了工业（B2B）企业一个低成本的自媒体信息发布平台，让每家工业（B2B）企业很容易就能发出自己的声音。恨它是因为微信公众号的运营，尤其是高质量的原创内容的生产对工业（B2B）企业来说是个巨大的负担。花了很多力气，很多篇文章动不动个位数的阅读量，让工业（B2B）企业很受打击。

那到底做不做呢？

笔者的建议是，移动互联网时代，微信公众号类似PC端互联网时代的企业官网，还是应该建立起来的，但在实际运营过程中，不要试图去跟杜蕾斯公众号比阅读量、粉丝数，而是应站在工业（B2B）企业品牌推广工作的角度去理解它应该承担的任务和功能：我们只是希望微信公众号能够让目标市场和客户群中有更多的人知道我们，让其中有需要的人能认可我们，通过销售工作实现转化，并让老客户和经销商认同我们，愿意持续复购和转介绍更多客户给我们！

综合来讲，工业（B2B）企业把微信公众号理解成一份低成本的内刊来运营，是比较合适的。

第四式：微博——大V们的舆论场

相比微信的"封闭"，微博更为"开放"。

但在微博大V的舆论场中，工业（B2B）企业是否能分得一杯羹，跟工业（B2B）企业所面对的目标市场和客户群的属性有相当大的关系，如果是大客户型或项目型的业务，做微博显然是没有太大意义的。

随着人们的碎片化时间逐步被越来越集中的几大巨头占据，微博要适用于工业（B2B）企业的品牌推广，越来越成为一个难题。总之，把握好一个基本原则，那就是：鱼在哪里，我们就在哪里，切忌想当然。

第五式：云端研讨会——以小博大利器

2020年疫情期间，因为线下研讨会无法召开，大家逐步适应了很多云端的工作方式，云端研讨会就是非常典型的一种。

现在，即便是在国内疫情已经受控的情况下，这种新型的在线研讨模式还是被很多工业（B2B）企业延续下来了，并应用到了日常工作中，因为它成本低、效率高、组织便捷，很好用。

举例：J公司是一家做检查井抢修材料的专业公司，为了快速推介一款新产品到市政行业，特别邀请了北京市政工程协会领导、《中国市政工程》杂志主编、某高校教授、多位行业专家，以及全国几大城市的市政养护单位代表来参与云端研讨会。会上领导和专家给出了很多好的指导性意见，施工单位也发表了他们的看法。会议取得了良好的成效。

第六式：云课堂——彰显行业专家身份

每一家优秀的工业（B2B）企业都有其"独门绝技"，都是目标市场和客户群眼里的专家，因此，如果能借助云课堂的形式，把目标客户常见的难点问题和公司提供的解决方案，以真实案例的形式分享和呈现出来，那在目标市场和客户群心目中显然会留下深刻的印象。

对工业（B2B）企业来讲，云课堂可以通过腾讯会议、ZOOM平台、钉钉会议、腾讯云课堂等轻松免费实现。它投入小，产生的影响大，品牌扩散效果好，值得推荐应用。

第七式：云私董会——构建A级客户联盟

工业（B2B）企业为客户所提供的服务创造的价值，说到底要从帮助客户增效，或者降本来体现，除了卖产品和服务给客户，有没有方法直接为客户赋能，帮客户降本增效呢？

2020年疫情期间，笔者就和K客户共同策划和组织实施了线上私董会。在疫情前景尚不明朗的情况下，线上私董会每两周一次，每次8人左右，来帮助K公司的加盟商做好几件事：（1）及时掌握最新市场动态，参考其他地区的开工状况；（2）在专家引导下，分析企业内外部经营状况，学习和借鉴优秀加盟商的经验来维护老客户、开发新市场；（3）在 K 公司平台的支撑下，与全国各地的兄弟加盟商共享设备、人工的资源，构建 A 级客户联盟。

疫情结束后，这种私董会模式依然可以在线上或线下举行。它通过赋能加盟商，不断提升加盟商经营管理水平，深化合作关系，促进彼此业务共赢发展。

第八式：云企业学院——O2O 客户服务体系

如果工业（B2B）企业所面对的客户是"小客户"或者"经销商"类型，强烈建议采用云企业学院等社群运营模式来做品牌化运营。

举例：F 公司通过小鹅通平台搭建起了自己的云企业学院，配合自己公司的 5A 客户管理体系，对云企业学院的学员进行分级管理和服务。

对初级学员，云企业学院是免费开放的，还不定期邀请行业大咖来分享对行业趋势的看法，邀请经验丰富的优秀经销商来现身说法，畅聊自己的经营体会和生意秘诀。

对高级学员，云企业学院面向 4A 级以上客户提供包括云私董会、加盟商互助、平台经典案例背书等高端增值服务。

对 F 公司来讲，云企业学院不仅是深度服务老客户，增加黏性的平台，而且是新客户引流及融入行业资源的平台。通过云企业学院，工业（B2B）企业可以在业界建立起自己不可替代的专家品牌形象。

第九式：抖音、视频号——适合的才是最好的

当下，抖音和微信视频号发展得如日中天，很多工业（B2B）企业面对所谓的"新风口"蠢蠢欲动，生怕错过了又一轮"吹猪上天"的红利。

对此，笔者认为工业（B2B）企业家和营销人大可不必心急，尤其不必看着别人家做什么自己就总按捺不住想"抄作业"、走捷径。

前文我们说过，大多数工业（B2B）企业是希望长期可持续经营的，不是搂草打兔子，赚点快钱撒丫子就跑的，所以，应该静下心来研究下：我的目标客户是谁？最好能做个客户画像——他们平时在哪里活动及获取信息？用不用抖音，刷不刷视频号？公司资源是有限的，如果投到其他媒介平台和工具的话，是不是比抖音和微信视频号好？等等。

全网营销系统中，工具平台众多，工业（B2B）企业的营销工作就是在企业资源有限的情况下更好地组合，使得投入最小化，业绩产出最大化，因此，适合的才是最好的。

微信：B2B 营销必备工具

一提起用户体验，大家往往第一个想到的就是日常消费品的用户体验，那在 B2B 营销中，也要考虑用户体验吗？答案是：Yes！

传统工业（B2B）企业，尤其是制造类企业的规模不断扩大，职能划分越来越细，本意当然是希望每个职能都更加专业、更加有战斗力，但事与愿违，实际情况却是机构越庞大，感知用户真实需求的能力越弱，相关部门的协调越困难。这些情况导致用户体验成为工业（B2B）企业市场运

营中的一大瓶颈。

以往，我们通过用户使用满意度反馈表、用户现场技术交流会、市场调研及销售人员和技术人员走访来了解用户的使用体验，质量低、效率低且成本高，往往流于形式，走走过场。

微信的出现，有望改变这种局面，让用户的反馈更容易被工业（B2B）企业感知，让工业（B2B）企业能够实现互动式营销，让用户的体验也更加丰富和全面。

微信更擅长客户维护和服务

相比微博的自媒体功能，微信的长处不在于扩大品牌知名度，而在于维护、服务和转化。

微信朋友圈是个相对封闭的圈子，适合交流情感、沟通体会，却不宜做太多商务化信息的传播。即使转发，也是做的"熟人生意"。

微信公众号是个相对专业的互动平台，工业（B2B）企业建立这样的平台，其功能定位应该是用户维护、服务和沟通，而不能是市场推广和新客户开发。

微信群是个非常开放的交流平台：功能丰富，语音、视频、表情、图片、文字都能发，最有意思的是发红包——从信息单向传播拓展到了双向互动；既可以深度交流思想，主题明确，亦可谈天说地，神吹海聊，是一个非常轻松、易用的平台。这样 24 小时在线、零距离亲密接触的场景，将深刻改变传统的工业（B2B）企业营销流程乃至生态，真正体现互联网思维。

微信及移动新媒体将逐渐改变工业（B2B）企业营销思维方式

（1）移动端的普及程度远远高于 PC 端互联网

2015 年初，韩国 kt 经济经营研究所发行《2015 年移动互联展望》报告书中说，智能手机普及率为 24.5％，超过 PC 的 20％。以往工业（B2B）企业营销中，众多目标受众对互联网信息接收的时空瓶颈被轻松突破，"指尖上的销售"已经不再只是梦想，分分钟就能实现。

（2）媒体的去中心化使碎片化信息接收模式成为新常态

无论喜欢与否，信息的碎片化已是大势所趋。在 PC 端互联网时代，信息大爆炸，或许还能借助主流媒体、搜索引擎和各种入口聚集眼球和能量，但在移动端互联网时代，传统意义上的单向输出媒体必将走向没落。理论上讲，众生平等，工业（B2B）企业营销是典型的专家服务——请注意，这里强调的不是专家，是"服务"！

（3）信任的建立不靠请客吃饭，品牌的建立将回归价值

以往乃至今天的工业（B2B）企业营销过程中，请客吃饭是最基本的套路之一，因为建立信任也需要场景和平台，请客吃饭是相对简单和直接的一种。而这种建立信任的过程，根本上还是由于信息的不对称性。未来，社交沟通将越来越便利和简单，若善加利用，就能通过市场运营来造势，轻松获得品牌影响力，提高品牌认知度。最重要的是：真正有价值的品牌将更加容易被接受，品牌建立的成本会显著降低。当然，成本降低不是自然而然的，而是要专业规划＋言行合一＋持之以恒。

总而言之，未来世界里，微信将不仅仅影响人们的日常生活与交流，它将会是工业（B2B）企业营销的工具、平台，甚至形成一种新的商业生态。

微信群最常见的八大类型

微信群是什么？有人说微信群是营销推广平台，可以精准投放广告；有人说微信群是人脉孵化器，随着互动不断深入，碰撞出许多资源整合机会；也有人说微信群是亲友关系的黏合剂，生活忙忙碌碌，亲友日渐生疏，有了微信群，可以常常关注到彼此，人虽天各一方，但心近在咫尺……

可以将微信群的按照主题、功能和属性总结为如下八大类。

第一类：学习分享群

在移动互联网大行其道的当下，碎片化阅读和学习不可避免地成为信息接收的主要方式之一。无论你是在海南三亚享受日光浴时的瞬间灵感到来，还是在新疆伊犁欣赏漫无边际的薰衣草时的小宇宙爆发，只要你愿意，就可以随时拿出手机与志同道合的亲友们分享你的奇思妙想，随时可以享受头脑风暴带来的丰硕成果！例如笔者创建的微信群"创业与市场运营"，就旨在扩展工业品市场精英训练营学员的眼界，互相学习和切磋市场运营方法。

生命力指数：★★★★　信任度指数：★★★★　活跃度指数：★★★
商业指数：★★★

第二类：大咖粉丝群

顾名思义，这种类型的微信群多由大咖本人或某个品牌运营团队创建，粉丝参与的目的主要是听取大咖的最新观点和思想精华，以及了解大咖或品牌的最新动态等，同时与其他粉丝深度互动，形成价值观相同的圈子和人脉，获得认同感，以及获取知识和技能。

生命力指数：★★★ 信任度指数：★★★ 活跃度指数：★★★★ 商业指数：★★★

第三类：兴趣爱好群

无论是穿行于水泥森林的大都市，还是生活在悠然自得的小城镇，兴趣爱好都是美好生活最不可或缺的调味剂。亲子群、羽毛球群、游泳群、骑行群……如果说生活最大的乐趣就在于和喜欢的人一起做喜欢的事情，那么，快加入这类群吧，让群友帮你抗拒惰性和懒散。在群内互动交流中，你可以玩得更嗨、更专业、更有成就感！当然，玩得用心，还可以掘到金哦！

生命力指数：★★★ 信任度指数：★★★ 活跃度指数：★★★ 商业指数：★★★★

第四类：工作交往群

通常，工作交往的圈子可以由内到外划分为3层：（1）项目或职能团队；（2）公司内部；（3）渠道或业内交际圈。工作交往类的微信群的建立也多是依托上面归纳的3种工作交往关系：首先，在项目或职能团队层面建立微信群，可以促进成员间的沟通和互动，有助于工作开展；其次，公司内部的微信群能促进各部门协调一致，信息共享，可以作为简易 OA 系统使用；最后，基于行业内深度交流的需要建立合适的微信群，将有助于业务开展和促进销售转化。

生命力指数：★★★　信任度指数：★★★★　活跃度指数：★★　商业指数★

第五类：资源整合群

常见的有创业投资群、事业拓展群、行业交流群、投资创业俱乐部、某某地区交友群等等。这类群设立的目的主要是聚集特定领域的资源，希望齐聚资金、专家、人气、平台等等，并实现资源对接和项目合作。在"大众创业，万众创新"大背景下，这类微信群层出不穷，数量庞大。

生命力指数：★★　信任度指数：★★★　活跃度指数：★★★　商业指数：★★★

第六类：微商营销群

此类微信群建立的出发点就是精确定位目标客户群，通过在微信群中不断沟通和交流，实现产品和服务的销售。因此，这类微信群是一个非常直接的营销工具和平台。主要的形式有卖货、发展下线和代理等。相比朋友圈的数量局限性，用微信群开展销售工作，能够面向更多目标客户，而且能通过营销手段进行说服和转化。

生命力指数：★★　信任度指数：★★　活跃度指数：★★　商业指数：★★★★

第七类：同学亲友群

常见的类型有校友群，大学、高中、初中、小学同学微信群，亲戚朋友微信群，等等。作为迄今为止最强悍的社交工具，微信群在深化这类强关系中功不可没。相比以往，现代人的生活半径在不断扩大，地球村的概念已老，万物互联成为大势，因距离而疏远的亲情友情因微信得以接续，因微信群而得以鲜活。

生命力指数：★★ 信任度指数：★★★★ 活跃度指数：★★ 商业指数：★

第八类：主题活动群

为了筹办和组织某次活动而设立微信群已经司空见惯。这类微信群的组建首先是为了活动组织者能协同作业，让活动筹备和组织工作顺利开展；其次是为了活动预热和增加人气，并使活动在口口相传中得到最大限度的推广和传播；最后实现活动价值的最大化，让在活动中彼此建立的信任和价值得以长期延续和发展。

生命力指数：★★ 信任度指数：★★★ 活跃度指数：★★ 商业指数：★★

或许，作为一个史无前例、历久弥新的事物，微信群还会有，也一定会有更多的类型和玩法，让我们拭目以待。但无论玩法如何千变万化，微信群的本质不会变：微信群的建立一定是满足了某一类社交需求，并且，能够长久运营、持续活跃的微信群，必定能够持续为成员提供某些独特的价值。

微信群在 B2B 营销中的五大作用

眼看着微信电商今天卖面膜、明天卖丝袜，连边远山区的土特产也纷纷成为都市白领们的最爱，工业（B2B）企业营销是不是也能在微信平台上大有作为呢？

工业营销，准确地讲是 B2B 营销，其特点是多人决策、理性采购、对技术服务要求高。如果快消品的采购用"热情似火"来形容的话，工业企业的采购基本就是"冷若冰霜"。那这种情况下，工业（B2B）营销可以借力微信平台吗？

答案是：Yes！

在工业（B2B）营销中，品牌资产构成维度可以分为 3 个维度：品牌认知度（让更多目标客户知道我们）、品牌认可度（让客户信任我们）、品牌认同度（让老客户能持续复购并转介绍更多客户给我们），如图 6-1 所示。

图 6-1 工业（B2B）品牌资产构成三维度模型

由于微信不同于微博、QQ 等开放性平台，是个相对封闭的平台，它更注重人际关系或者圈子交往的养成和深化。也正是因为这种特性的存在，快消品"熟人背书"的微商经济方兴未艾。对工业（B2B）营销来讲，困惑也正好来自这里：如果用作市场推广工具，由于工业产品信息的专业性非常强，微信的媒体功能并不突出，只能在相对小众的圈子里传播，从投入产出的角度来讲，不划算！从工业（B2B）企业品牌力发展的 4 个阶段来看：要借助微信平台实现品牌由零认知到达到一定的品牌认知度，其成效远比线下市场推广、线上 PC 端网络营销及 QQ 群、微博等工具要差，那么，是不是据此就可以下定论：微信不适合工业（B2B）营销呢？

答案是：No！

在工业（B2B）营销领域，有句话叫：品牌即信任！

在传统的工业（B2B）营销工作中，人们经常有疑问：做工业（B2B）企业的销售往往待遇非常高，为什么？因为他们是企业最高效的品牌接触点，他们集企业品牌与个人信誉于一身，维系着工业（B2B）企业的品牌力——与目标用户的信任关系，所以，待遇必须高。

工业市场从业者也常常问：市场推广的业绩怎么体现？为什么我们如此辛苦，却经常被老板无视、被销售看作是在白花钱？建议工业（B2B）企业市场要静心思考一下：你煞费苦心所做的策划和各种市场活动，落点在哪里？在品牌力逐级往销售额转化的过程中起到了什么作用？是不是增加了用户对品牌的信任？

老板们也很无奈：看着销售额挺高，到财务一算账才知道，销售过程的费用是个无底洞，那怎么才能让"地主家里有余粮"呢？怎么才能让销售与目标客户建立和维护这种信任关系的成本有效降低呢？

微信来了，世界变了！

（1）微信朋友圈是背景调查"神器"。优秀的工业（B2B）营销人员除了关注目标客户的"公需求"——对产品、技术、服务等的关切；还会认真研究相关决策者的"私需求"——个人爱好、家庭状况及其他。传统场景下，获得上述信息，需要大量的走访调研及维系庞大的同业圈子，以互通有无。而微信朋友圈的诞生，正在逐步降低这种成本：长期关注一个人的朋友圈，可以更准确地感知其个人工作风格、生活情趣及行为特点。而做到这一点，无须东奔西跑，互相加为好友即可轻松实现。

（2）微信群是品牌充分展示的"舞台"。如果只是默默关注，那你的产品或许永远无法登上舞台。微信群提供了深度沟通的机会——基于行业、产品或者某些共同的爱好建立起来的微信群，可以在"愉快地一起玩耍"的过程中，让目标受众了解你、了解你的企业和产品，进而在"路遥知马力，日久见人心"的友好氛围中，赢得宝贵的信任。工业（B2B）营销采购周期长、长期合作的特点使其特别适用这种"心底无私天地宽"，先做朋友再谈生意的深度沟通模式。

（3）微信群是工业销售进程"加速器"。传统销售进程促进的方法多种多样，但大家耳熟能详的是：一起饭醉、一起K歌、一起泡澡、一起搓麻将……朋友们要问了：这究竟是为什么呢？吃饭喝酒K歌算什么工作方式啊？！但它们确实是传统的销售方式。

透过现象看本质——工业（B2B）企业销售之所以频频"饭醉"，其目的很单纯，无非就是想加速销售进程，把品牌认知度尽快转化为品牌认可度，甚至品牌认同度，得到源源不断的订单。那么，未来，微信群和朋友圈将为销售"减负"，长期的彼此沟通和深度互动，并不是只有通过吃饭喝酒才能完成。微信群和朋友圈也可以不断帮你积累信任，无形中就加速了销售进程。

（4）微信群是用户意见反馈"收集器"。迄今为止，在工业（B2B）营销领域最经典的用户意见反馈机制就是 ISO9000 体系里的"用户满意度调查表"，大多数工业（B2B）企业是每次审查来临才临时抱佛脚，让各区域的销售负责人赶紧找几家关系比较好的客户填写下，应付完审查就束之高阁，甚至扔垃圾桶里了，以至于真正的用户意见反馈其实并不那么受重视，往往还被许多职能部门看成"麻烦"！殊不知，这是多么宝贵的资源啊，它是工业（B2B）企业借以改善产品和服务的机会，是工业（B2B）企业将产品做到极致、让用户为之尖叫的唯一创新来源！

微信群终将改变这一切！迄今为止，微信群是最有潜力成为用户需求挖掘工具的平台，没有之一！工业（B2B）企业如能善加利用，并不断保持良好的技术支撑力，那么，基于微信群的"互联网思维"实践将是企业取之不竭的创新源泉！

（5）微信群是品牌认同度"孵化器"。微信群的深度转化功能，不仅体现在品牌由认知度到认可度的转变过程中，更体现在品牌由认可度到忠诚度转化以及品牌认同度长期维护的过程中。

工业（B2B）企业要不要上抖音、视频号？

由于工业（B2B）企业的多样性，要回答"抖音是不是适用于工业（B2B）企业营销"这个问题，简单地说"Yes"或者"No"显然过于武断，但工业（B2B）企业市场人可以通过如下 3 个标准来判定。

目标受众中抖音用户是否有足够规模？

工业（B2B）企业品牌的传播对象一般包括 5 类群体：高层决策者、产品使用者、产品采购者、公司内部人员、行业及社会相关人员，如图 6-2 所示。

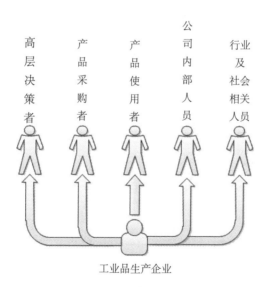

图 6-2　工业（B2B）企业抖音营销的主要目标受众群体

其中，公司内部人员包括企业员工和渠道商，行业人员主要包括政府主管部门、行业协会、科研院所、同行上下游企业及其他组织机构人员。

判断工业（B2B）企业企业是否可以应用抖音来做市场推广，首先要看它的目标受众是不是抖音用户，或者 5 类群体中，哪类可以作为抖音推广的目标群体。

高水平抖音内容定制会不会"难产"？

不同于朋友圈里天马行空的分享，也不同于快消品领域为了吸引眼球而做的"新奇特"的推广，工业（B2B）企业抖音内容的编辑和定制有如下特点。

（1）专注：必须符合企业品牌的定位，形散而神不散。

（2）精准：必须紧紧围绕重点目标受众的需求和兴趣点来定制内容，在增强用户黏性的同时，将有限的资源充分利用。

（3）专业：沿着"行业—企业—产品—技术—人"这样一条主线，工业（B2B）企业抖音公众号可以提供诸如行业发展趋势、行业动态、企业新闻、新产品推出、产品选购、使用指南、新技术亮点、典型案例和客户反馈、企业品牌故事等信息。

对工业（B2B）企业来讲，应用抖音是为了提升品牌影响力和加强与目标受众的互动联系，因此，实现的唯一途径是提供高水平的定制化资讯。如果只是为了赶时髦，四处搜集和转发一些信息来凑数，就完全违背了使用抖音工具的初衷。能够长期坚持上述原则来定制原创抖音内容，绝非易事。因此，在决定是否使用抖音工具做工业（B2B）企业营销之前，就要审慎评估企业资源状况，而后再做出决定。

打通抖音这条通道的成本和收益是否符合投资预期？

对工业（B2B）企业市场人来讲，衡量市场推广行为是否值得做的最高标准是投资收益。是否要打通抖音这条通道来为企业的市场营销服务，除了要对目标受众群进行分析和定位，对内容定制的工作进行系统评估，还要认真分析应用抖音能为企业带来的短期和长期收益，对抖音公众号的推广和运营成本进行仔细核算。

综上所述，对工业（B2B）企业来讲，抖音多样化的属性使其不仅具备了公众媒体的特征，还具有人际关系维护和深化、小范围协作工作平台的特点，此外，其开放性平台的特质，使其未来充满了无限可能。然而，企业经营要求必须以最小的成本，博取最大的收益，工业（B2B）企业到底该不该使用抖音平台，现在还是将来，请用上面 3 把尺子来衡量！

本 章 小 结

尽管随着 AI、区块链、云计算、大数据、物联网等新技术的蓬勃发展，工业（B2B）企业打造强势品牌可以借助的平台也日新月异，但能够把本章介绍的全网营销 27 种平台善加利用，基本上能够满足当下的工作需求。如果能在品牌运营过程中，不断深化对平台和目标市场及客户群的认知，借助新技术的力量探索新平台的使用方法，将使我们工业（B2B）企业打造强势品牌的工作事半功倍！

在下一章，我们将进一步探讨如何借助平台的力量来进行公关借势，让工业（B2B）企业打造强势品牌的工作，插上腾飞的翅膀。

第七章
第五步：公关借势

公关定高度，传播定广度，销售定深度。

公关借势是工业（B2B）企业打造强势品牌过程中最关键的技术动作之一。大企业资源多、人才多，可以造势，但工业（B2B）企业缺资金、缺人才、缺技术，不敢奢谈造势，借势才是我们的正确选项。

谈到借势，有个极致的例子可供我们借鉴——庆丰包子。

你有看到庆丰包子在全国各大媒体上大张旗鼓地投放广告了吗？没有。但你却发现它没几年的时间就"忽如一夜春风来，千树万树梨花开"——在机场、在高铁站、在繁华闹市区……遍地开花。

庆丰包子为什么能？借势。

之所以说这个例子是"极致的例子"，是因为它只能参考，无法复制。

关于借势，雷军有句话说得极为精彩："一个人要做成一件事情，其实本质上不在于你多强，而是你要顺势而为，于万仞之巅推千钧之石。"

工业（B2B）企业打造强势品牌，学会借势，非常关键。

本章，让我们一起来学习探讨工业（B2B）企业公关借势的方法和工具。

工业（B2B）企业公关常见 6 类方法

工业（B2B）企业财力物力有限，在打造强势品牌的过程中，玩不出也没必要搞什么太过花哨的大阵仗，结合日常业务工作的开展，参考表 7-1 的 6 类常规方法积极探索实践就可以了。

表 7-1　成长型企业常见 6 类公关活动组织形式

公关活动类别	常见组织形式
行业组织类	参与或组织行业协会等相关机构主办的年会、协会活动、技术交流会、专题培训会、高级研修班、国内外游学参访、组织成就展、展览会、新闻发布会、市场调查、行业动态及发展趋势座谈会、行业报告、白皮书等
行业媒介类	行业报纸杂志专版、专栏、专访文章及系列报道，有奖问答，拍摄专题片，提供场景拍摄视频，做专题讲座，举办研讨会，供需对接会，参加年会，赞助栏目等
学术交流类	参与或组织标准制定会、专家鉴定会、技术研讨会、技术成果鉴定会、专家座谈会、学术研讨会，出版学术专著或赞助出书，赞助栏目、征文比赛、国际国内会议等
公司内部类	评选先进、联欢活动、聚餐、生日会、郊游、参观观摩、联谊会、舞会、年会、文体竞赛活动、知识竞赛、演讲会、合理化建议有奖活动、共读一本书活动、轮值总经理、座谈会、市场调查、服务调查问卷、产品试用、投诉电话、意见箱、负责人接待日、值班经理制、有奖征集建议、热线电话、印发宣传手册等
专题庆典类	开业典礼、节庆活动、制造"新闻事件"、新产品推介会、周年庆典、各种服务评选等
社会公益类	策划组织节庆活动、赞助福利、组织募捐、义卖、慈善及其他公益事业、慰问、拥军、社区活动、助学、扶贫、义务劳动、领养等

工业（B2B）企业加入行业协会的九大好处

受制于组织形式、经费来源以及主要管理者的来源和自身能力等因素，我国许多行业协会目前并不能很好地履行其组织、协调、服务、监管 4 项基本职能。这种状况严重影响了企业对协会的信心，阻碍了行业协会的发展壮大。所以，许多工业（B2B）企业对加入行业协会心存疑虑：是否有必要加入？加入能给企业带来什么好处？

笔者认为：工业（B2B）企业在积极评估目标市场环境、客观了解行业协会所拥有资源后，有必要选择组织得力、服务平台健全、行业资源丰富的行业协会加入，因为它能给企业带来如下九大好处。

（1）获得行业全局视野，加强上下游企业沟通与合作。如果把各家工业（B2B）企业和政府主管部门、高校科研机构等比作一颗颗璀璨夺目的珍珠的话，行业协会就好比那根把珍珠串起来的绳子——或许那绳子极其普通，但正是借助它，我们拥有了一观其全貌的机会，从而对整个行业产业链有了更清晰的认识和判断，无疑，这对工业（B2B）企业的战略决策和市场策略的制定有着举足轻重的作用。

除此之外，与上下游企业深入沟通也是工业（B2B）企业业务拓展的重要方式之一，往往这些兄弟企业就掌握着大量的客户资源，加强合作可能开创双赢发展的新局面。

（2）获得专业推广平台，加速高新技术在行业内普及。许多工业（B2B）企业作为行业核心技术的领导者，为了让业界熟知其技术优势，在激烈的市场竞争中获取更多话语权甚至形成技术壁垒，可以借助行业协会作为其重要的专业技术推广平台。由于国内有一定影响力的行业协会往往聚集了业界主要的专家和优秀企业，其所搭建的平台，在高新技术推广方面有其独到的优势。

（3）获取行业专家资源，增强行业新技术应用和整合能力。在行业协会所搭建的平台上，工业（B2B）企业除了可以迅速推广自己的产品和技术优势，也可以更广泛了解和学习业界先进的新技术和新产品，不断汲取新的思路，以及发现和引进专业人才、深化"产学研"合作，不断借助外部力量来增强企业自身的核心竞争力。

（4）获取宏观数据和政策信息，提高企业战略决策的可靠性。大多数工业（B2B）企业都以某一项或几项核心技术作为企业"安身立命"的根本，走专业化的路子，其决策往往靠多年来积累的经验而不是建立在严谨的产业数据分析之上。随着企业的不断发展壮大，决策风险也逐步增加，此时，行业协会就成为工业（B2B）企业获取宏观数据和政策信息的一个重要来源，借助这些资源的支持，企业将有效提高其战略决策的可靠性，从而大大降低企业的经营风险。

（5）获取产品供求信息，得到更多商业机会。行业协会及其搭建的各种交流平台本身就是产品供求信息的集散地。每一次的聚会，来自行业产业链上中下游的各种企业和专业机构济济一堂，畅谈行业发展的新动向、新技术和新思路，各种供求信息在彼此交谈中自然被发掘出来，商机随之而来——机会就像海绵里的水，就看你会不会挤。

（6）组团参加各种活动，获得市场调研和学习机会。行业协会往往会组织会员企业进行市场调研、观摩学习等各种活动，对工业（B2B）企业来讲，这是非常好的深入了解行业市场和同行的机会。毕竟，平时沉浸在激烈的市场厮杀中，很难得有这样的机会和心境来实地向兄弟企业讨教和学习——虚怀若谷，永远是工业（B2B）企业不断创新和发展的"发动机"。

（7）参与国家标准和行业标准制订，让企业竞争力升级。有人说："工业（B2B）企业之间的竞争，初级层次是产品和技术层面的竞争，中级层次是专利层面的竞争，高级层次是标准层面的竞争。"作为一家行业领先的企业，积极参加到行业协会中，获得参与国家标准和行业标准制订的机会，无疑是一次让企业竞争力升级的重大机遇——不仅向业界彰显和确立其产品和技术的领先地位，更在某种程度上形成了一定的市场竞争壁垒。

（8）组织技术培训和研讨会等活动。组织技术培训和研讨会是工业（B2B）企业惯常采用的技术推广手段，其权威程度和影响力与主办单位和组织者在业界的地位有密切关系。工业（B2B）企业如果能借助行业协会平台来组织类似的活动，亦即将企业行为上升为行业行为，无疑将大大提升活动的权威程度和影响力，有力提升企业在特定专业领域的市场影响力。

（9）获得行业优秀和先进企业及产品的评选资格。作为企业媒介和公关活动的重要成果，参加行业协会，参与业界先进和优秀的评选是工业（B2B）企业扩大自身影响力、提升企业行业地位和权威程度的又一重要举措。

技术研讨会和交流会的 5 种组织形式

技术研讨会（seminar）是工业（B2B）企业针对目标行业领域某个具体技术主题，邀请专家和目标受众在一起进行研究、讨论交流的会议；是工业（B2B）企业营销中经常用到的营销方式，能够在活动中展示企业技术实力，在与会者心目中及业界塑造和树立专家形象，维护和提升企业技术领先、行业领导者的高端品牌形象。

一般有如表 7-2 所示的 5 种组织形式。

表 7-2　成长型企业技术研讨会和交流会 5 种常见组织形式

会议形式	方法概述
现场技术交流会	由工业（B2B）企业组织技术研发和服务专家与客户方进行探讨： 针对产品使用中存在的问题，进行剖析、讲解与探讨； 针对生产线上存在的问题，提出解决方案； 推介新技术、新产品，听取客户方采购和使用部门的意见和建议
产品技术培训会	邀请多家客户单位技术人员、重要渠道商到公司参加产品技术培训： 结合产品使用中存在的问题，对已有产品线进行深度讲解和培训； 针对新发布的产品和技术，对重点目标客户、销售人员、渠道商进行讲解培训
专家技术研讨会	在由行业协会或相关主管部门主办、工业（B2B）企业承办的行业专家技术研讨会中，承办企业要积极通过活动组织和造势，将企业领先的技术实力、良好的品牌形象植入与会者心中
新产品技术研讨会	往往应工业（B2B）企业新品发布的需要而组织，主要邀请业界资深专家、重点客户决策者、相关主管部门领导等参加，使得新产品能在业界迅速打响
网络技术研讨会	随着互联网技术的不断创新，网络技术研讨会已经被众多工业（B2B）企业积极采用，目前有微吼、全时等众多供应商可供选择

工业（B2B）企业营销所面对的市场形势纷繁复杂，客户对技术交流活动形式的需求多种多样，工业（B2B）企业市场部必须有能力适应不同客户的需求，来定制技术研讨会方案，为实现销售业绩增长和提升品牌影响力打下坚实的基础。

表 7-3 为会场物品准备清单。

表 7-3　成长型企业技术研讨会和交流会会场物品准备清单

类　别	名　称
教具用品	投影仪、电脑、摄像机、相机、黑板、写字笔、板擦、录音笔、接线板、7 号电池 4 节

续 表

类 别	名 称
场景布置	挂图、易拉宝、背景墙、条幅、麦克风、音响、桌椅板凳等
培训文件	笔记本、资料袋、黑色水笔、白纸（套装）、教材、案例、反馈表等其他销售培训资料准备（装入资料袋）
茶点	小点心、茶水、饮用水、咖啡、湿纸巾、绿茶、花茶、装饰花草、纸杯、会场休息音乐等
其他	请随时建议和补充

【参考模板】

T公司技术研讨会策划案

一、活动主题

煤炭工业节能减排设计与实践研讨。

二、活动目的

（一）树立品牌形象，提高T公司在煤炭行业的知名度，扩大影响力。

（二）维系客户关系，培养忠诚客户，拓展行业渠道。

（三）向客户介绍T公司产品技术及应用。

三、邀请对象

全国煤炭行业设计院所主管领导、主设人员、设备采集人员。

四、邀请人数

30人（预计）。为了保证质量并控制预算，以15～20人计。

五、活动负责

邀请参会人员、宴会主持、实施协助、接待人员等由M媒体负责。

六、会议经费

费用含会场、食宿、考察接待、行程往返等，共30人，会议时间2天，预计总支出费用为 40 万元左右，为 T 公司提供宣传、展示、合作机会。

七、会议预算明细

具体如表 7-4 所示。

表 7-4　T公司技术研讨会会议预算明细

（单位：万元）

项 目	餐饮住宿	旅 游	会务采办	专家费用	礼 品	广 告	会议佣金	总 计
金 额	16	3	3	6	3	3	8	42

八、回报方案（树立行业旗舰形象，推动企业快速发展）

（一）研讨会现场宣传。

1. 会场内背景板醒目位置均显示 T 单位 logo 与企业名称；

2. 会场外 10 米气球拱门与横幅；

3. 会场内悬挂横幅一条："T 公司欢迎各位领导参加大会"；

4. 会议间歇播放企业宣传片。

（二）专题发言。

5. 协会领导就橡胶制品的重复再利用做简短发言；

6. 设计院方面针对煤炭行业节能减排设备的应用做简短发言；

7. 公司领导针对 T 公司现状以及未来发展态势进行发言；

8. 使用过 T 公司相关产品的矿务局相关人员做发言；

9. 销售及市场部门针对产品技术及优势做详细讲解等。

（三）业务交流衔接，帮助企业与参会人员建立关系。

（四）参会企业房间内放置 T 公司宣传材料手提袋。

（五）媒体报道。

M 媒体针对此次研讨会会进行专题报道。

九、具体安排

（一）会议前一天早晨，在会议宾馆正门前，布置好拱门与横幅。

（二）在大堂安排接待处，由至少 4 人负责接待，帮助参会人员安排好房间，引领他们进入客房，并通知好用餐时间等。

（三）当天晚上举行晚宴，要求公司主要销售人员到场，在晚宴上帮助 T 公司搭建与参会人员的关系。

（四）会议当天，早晨 9 点之前，引领参会人员到场。

（五）9 点准时由 T 公司总经理宣布研讨会开始，各位领导逐一进行发言（事先请各位领导准备好 30 ~ 50 分钟的发言稿），中间进行茶歇，摆放一些水果及甜品，播放 T 公司公司宣传片。

（六）中午简便午餐或自助餐。

（七）14 点开始第二段发言，由矿务局相关技术及市场人员发言，到 16 点结束，进行茶歇。

（八）19 点进行晚餐，要求领导及 T 公司人员参与。

（九）第二天早上 9 点集合，带领参会人员参观 T 公司或游览当地旅游景点，安排销售人员进行陪同。

（十）中午集体会餐，下午继续参观。

（十一）17 点返回宾馆，19 点晚宴。由矿务局、协会领导、设计院代表、T 公司老总做简短发言，会议圆满结束。

（十二）第三天中午 12 点前退房，发放礼品并欢送参会人员。

与行业媒体深度合作的 8 个常规项目

行业媒体不仅是工业（B2B）企业影响力的扩散器，是企业品牌发声的传话筒，还是企业实现"产学研"相结合的纽带和桥梁。但事实上，在具体实践中，工业（B2B）企业营销以业绩为导向，因此，擅长"单刀赴会"的销售精英和其"光辉事迹"在企业内部被无限放大，以至于其背后所依托的企业资源和团队努力往往易被忽视，其中有一项工作最容易被漠视和淡忘——与行业媒体的深度合作。

由于受众群体专业化程度高、行业和地域特征明显，工业（B2B）企业在市场营销活动中，很少会用到大众型媒体如电视、报纸等，一般是以行业报纸杂志和新兴的行业网媒为主。

恰当应用行业媒体将有助于企业从一个籍籍无名的以卖产品为生的小作坊，升级为一家在业界有一定品牌影响力，能够以点—线—面的方式逐步扩大市场份额的市场竞争者，也能够推进企业尽快向行业领军者转变。而这些，仅仅通过销售数字的增长去推动，可谓事倍功半。

如下 8 种常规项目是工业（B2B）企业可以与行业媒体深度合作的主要形式，企业可以根据自身发展阶段和当下资源情况合理使用。

硬广告投放

硬广告投放是目前最常见的工业（B2B）企业和行业媒体合作的形式，也是企业资源浪费最严重的一种形式。这种纯产品化的买卖合作，无异于"向和尚卖梳子"——不仅无益于企业和媒体的长期合作，更严重损害了企业对媒体平台的信心。这或许就是工业（B2B）企业总在抱怨"投广告等于烧钱，拿钱打水漂玩"的根本原因。

硬广告投放本身没有问题，问题就出在买卖双方的不专业：

一方面，众多行业媒体的业务人员至今仍然在以"卖东西"的方式做销售工作——"您的企业需要宣传下，来我们这里做广告吧！""最近我们在搞活动，可以给你们8折优惠"甚至"我们可以给您个人'稿费'"等等。如果换成买白菜，这套说辞其实也没什么不妥。

另一方面，众多工业（B2B）企业的市场人员并没有从全局筹划安排企业资源的能力，他们只是把打广告、做精美画面、讨价还价作为自己的主要工作内容……

如果媒体方更懂企业的痛点，如果企业市场部对营销目的有更深切的理解，或许，企业的钱就不会白烧，媒体也不至于沦落到卖白菜的境地。

专题采访和报道

不同于硬邦邦的商业化广告，工业（B2B）企业及其领导层接受行业媒体专题采访并广泛报道，是受众群体感受品牌价值和企业文化的极佳方式。一方面，娓娓道来的企业发展历程和相关实例更具有可读性，也更容易引发受众群体的共鸣（双方置身于同一种行业背景下），有助于增进受众对企业品牌的亲近感和信任感；另一方面，企业的宗旨、价值观和核心竞争优势也能在专题报道中得到较为充分和全面的阐释，让有合作意愿的企业和渠道商增强信心，让企业定位、产品优势和品牌形象在受众心里深深扎根。

系列软文投放

工业（B2B）企业的核心竞争力多源自其独到的产品和技术优势，一般都具有专业化程度高、受众短时间较难理解的特点。一方面，企业可以借助"顾问式"销售做地面推广工作；另一方面，企业可充分利用行业媒体平台刊登系列技术文章来做"空中支援"——尤其是对填补某项技术空白的高科技新产品，这一点非常重要。

系列软文大致可分为两类：

一是比较严谨正式的专业技术论文，发表在业界权威的期刊上。这种文章技术含量高，目标受众专业，往往会"一石激起千层浪"，在业界引发非常大的关注。工业（B2B）企业如果能在不泄露商业机密的情况下，策划发布一些这样的文章，能够在业界，尤其是在专家技术圈建立一个"技术专业，产品扎实"的企业和产品形象。

二是相对"软"的科普类文章，可以系列发布在非核心期刊类的传统媒体或网络媒体上，主要针对业主、专家及一般技术人员等更广泛的受众群体。

此所谓"用兵之道，攻心为上，攻城为下"。

新品发布会

工业（B2B）企业召开新品发布会，不仅是向外界告知新产品上市，更是一次向业界展示企业良好形象、彰显企业技术实力和优势地位的重要公关活动。此时，如果没有行业媒体的鼎力支持，无异于"锦衣夜行"，将是企业资源极大的浪费。

购销对接会

业界资深的行业媒体拥有较多的产业链上下游资源，其本身也是行业各种信息和数据的汇聚地，工业（B2B）企业如有机会参加由这些机构和平台组织的购销对接会，一定不要错过——只要行业媒体用心挖掘，善于组织，这种购销对接会的含金量颇高，一般不会让企业空手而归。

技术研讨会

与行业媒体联合组织技术研讨会是工业（B2B）企业组织会议营销活动的一种常规方式。工业（B2B）企业在自己组织技术研讨会和交流会时，往往苦于缺乏行业人脉，缺乏组织经验，缺乏媒体资源，而这些正是行业媒体之所长。彼此合作，取长补短，双赢可期。

商业机会提供和引荐

不同于消费类产品"铺到门口"的密集分销网络，工业产品的采购往往"隔行如隔山"——终端用户，甚至一些专业技术人员也常有想采购一些专业产品却不得其门而入的尴尬。此时，行业媒体往往就兼具了中介平台的功能。如果工业（B2B）企业能长期与行业媒体保持良性互动，无疑多了一个商业机会的来源渠道。

行业数据和信息提供

就一个细分的专业领域来讲，行业媒体肯定不如企业了解得多；但要说纵观行业全局，掌握行业数据和信息，那站在产业链枢纽上的行业媒体可就占尽了天时、地利、人和的优势。工业（B2B）企业如能有效挖掘和利用这些行业资源，不啻"花了一点小钱，请了一尊大神"。

展会对工业（B2B）企业的八大作用

随着近年来中国会展业的蓬勃发展，展销会作为企业重要的市场推广平台，其作用不容忽视。

有人对展销会做了这样的描述："在最短的时间内，在最小的空间里，用最少的成本做出最大的生意。"工业产品往往具有很强的行业或区域特征，而高品质的展销会正是将行业或区域资源进行有效整合的平台，企业精心策划、组织专业人员参加将起到事半功倍的市场营销作用。

（1）针对目标市场所在的行业或区域，展示企业产品和品牌形象。展销会为工业（B2B）企业提供了一个精准展示企业产品和品牌形象的机会，相比技术交流会、专家座谈会、新产品展示会等市场推广活动，展销会以其低廉的成本、较大的影响面、精准的来宾群，成为工业（B2B）企业首选的活动营销手段。

（2）高密度、低成本接触目标市场潜在客户。工业（B2B）企业的目标客户一般都呈"点"状分布，若通过销售人员拜访等形式接触，耗资巨大，效率低下，而展销会平台正好弥补了这一缺憾。

（3）高效率融洽目标市场客户关系。客户走访是耗费销售人员大量精力的一项活动，不仅舟车劳顿、风吹日晒，更要花费大量心思来揣摩拜访的方式方法等一系列问题，而展销会则可以轻松地在数日内接待几十位甚至上百位新老客户。

（4）有较充分的条件向客户详细介绍产品特点。组织得力的展销会，一般都有主要产品的样品和较翔实的资料，结合展台设计和搭建，能够给销售人员充分的条件、较充裕的时间来给客户进行公司和产品介绍。

（5）获得行业形势、竞争者、渠道商等情报信息。高品质的工业（B2B）企业展销会一般也是业界一次资源融合的盛会，届时，产业链上下游企业及政府主管部门、专家、学者济济一堂，各种行业资讯密集传播，是企业获取资讯的最佳途径。

（6）获得客户和渠道商对产品和渠道的反馈信息。企业参加展会的消息一般会事先通知主要客户和经销商，参展期间，企业销售或客服人员会与其做深入交流，集中就当地市场的建设听取意见和建议，为区域市场的市场营销策略调整奠定基础。

（7）与政府部门、行业协会、设计院、专家等建立联系。高品质的展会会吸引相关政府部门领导、行业协会、设计院、专家教授等在业界有一定影响力的专业人士参加。大家通过积极沟通和交流，能对企业产品特点、技术优势、品牌形象的推广起到良好的作用。

（8）与行业媒体交流，搭建常态化品牌推广渠道和平台。工业（B2B）企业行业媒体往往扮演着连接行业资源的纽带角色。结合企业自身资源条件，创新和探索与媒体的合作形式，深入挖掘媒体拥有的行业资源，有时会达到"出奇制胜"的效果。

参加展销会的目的在企业发展的不同阶段也不尽相同，展销会是否能起到"花小钱，办大事"的作用，不仅依赖展会本身的品质，也和工业（B2B）企业对展销会的认识水平和组织能力息息相关。

工业（B2B）企业高效参加展会五步法

近年来，随着我国经济飞速发展，各领域的展销会也如雨后春笋——一个行业内一年有几十次展会并不鲜见。作为企业，难免有这样的困惑：

参加展会会有效果吗？

怎么来选择，该参加哪些展会呢？

如何参加展会才能使效益最大化呢？

笔者结合多年来参展的经验，提出参加工业（B2B）企业展会的五步法（见图7-1）。

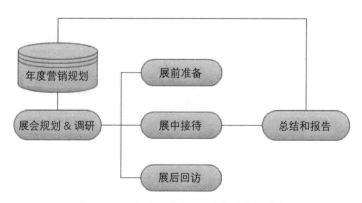

图7-1　五步法工业（B2B）企业参展流程

参加展会会有效果吗？会有多大收益？回答这些问题，不仅要在选择展会时审慎评价展会质量，更重要的是从"企业为什么想要参加展会？""企业打算从展会上获得哪些收益和成果？"这些问题中，即从企业自身对展会的定位和规划来寻找答案。

展会规划和调研

从工业（B2B）企业市场营销体系建设的角度来讲，展会是其中一种重要的营销工具和平台，是不是参展，以及参展的频率如何是依循企业年度营销计划来确定的。

所谓"台上十分钟，台下十年功"——展会工作不只是在参展期间要花时间和精力，在市场部的日常工作中，也会占用大量时间。一般来讲要做好如下 3 项工作：（1）评估和确定展会；（2）维护和制作展品；（3）创新和策划参展方法和内容。

展前准备

展前准备工作是参展工作至关重要的环节，直接关系到参展质量，具体工作安排如表 7-5 所示。

表 7-5　展前准备工作安排

序　号	时间节点	事　项	具体内容
1	展前 20 天	参展信息发布	通过平媒或网络媒体发布企业参展信息
2	展前 15 天	通知相关部门人员	通过邮件和短信通知销售等部门
3	展前 10 天	邀请函	向重点客户和渠道商发出邀请函
4	展前 7 ～ 10 天	展品准备及物流运输	参照参展物品清单

展中接待

参展过程中，企业参展人员要分工明确，各司其职：

（1）尽早到达会场，安排好接待工作，展现良好企业形象；

（2）详细记录每位访客的联系方式、需求情况和关注要点；

（3）仔细解答访客提出的问题，阐明企业的产品特点和优势；

（4）积极与到访的专家、同行交流，获得最新的行业和产品信息；

（5）认真听取到访的客户和渠道商的意见和建议，融洽客户关系；

（6）以开放的心态与媒体沟通，为融合更多行业资源奠定基础；

（7）实地考察场地，为来年选择展会和预订展位做好准备。

展后回访

展后回访是进一步精准定位客户、挖掘展会价值的重要步骤，一般由企业销售部门和市场部门分工合作，在展会结束后两周内完成。可以根据企业情况，通过如下5种途径进行：（1）通讯稿；（2）短信回访；（3）电话回访；（4）邮件回访；（5）人员拜访等。

总结和报告

每次展会的组织涉及的事项繁多，难免会有疏漏；每次参展的经历都会有些新的发现和收获；每次与客户和渠道商接触都会有不少新的问题和好的思路出现……不断总结和完善，是让展会平台发挥更大作用的源泉，具体如表7-6所示。

表7-6　A公司参展总结报告

展会名称			
参展时间		展馆地点	
参展人员			
总体评价			
主要成果			
发现不足			
后续工作建议			
备　注			

报告撰写人：　　　　　　　　　　　　年　　月　　日

工业（B2B）企业参展流程五步法紧紧围绕企业的市场推广和销售业务展开，力求将市场工作中对品牌的推动和对销售的驱动力发挥到极致，并致力于将参展流程标准化，有效降低企业参展的人力、物力和财力成本，达到"花小钱，办大事"的效果，非常贴合工业（B2B）企业市场营销工作的需要。

工具模板：展会选择权重与量化评价表

举例来讲，公司可能对几场展会都有意向参加，但资源是有限的，必须做出取舍。此时，可以用到一些展会选择权重表与量化评价表帮助我们

·150·

做出决策，具体如表7-7、表7-8所示。

表7-7　A公司展会选择权重表

评价指标	赋　分	备　注
展会的目标市场匹配度	35	
展会的历史和影响	15	
销售人员的意向	15	
费用情况	15	
展会组织者的动员能力	10	
展会的规模	5	
展会地点（城市和展馆）	5	

表7-8　A公司参展效果量化评价表

评价指标	数　量	措　施
购买意向明确客户数		
有购买需求客户数		
有合作意向的中间商		
对产品比较感兴趣的客户数		
接待客户和经销商的人数		
与媒体建立联系情况		
设计院、高校、协会联络情况		
市场调查：目标行业动态		
市场调查：竞争厂家动态		

表7-7中的7项关键评价指标说明：

（1）展会的目标市场匹配度。本项指标一般由老板或市场部经理根据公司的市场发展布局评价得出，展会策展方向越能精准打击到目标市场，赋分越高。

（2）展会的历史和影响。高质量的行业展会往往是多年经营的结果，因此，展会在业界的历史越久、影响越大，赋分越高。

（3）销售人员的意向。成长型企业参展往往是"市场搭台，销售唱戏"，辖区销售人员的主动性越强，公司自然更愿投入精力参展，即该辖区销售人员的意向越强烈，辖区内展会的赋分就越高。

（4）费用情况。展会费用一般是成长型企业营销费用中占比较大的投入，因此，展会的费用和投入产出是必须认真考虑的因素。相对来讲，性价比越高的展会，它的赋分就越高。

（5）展会组织者的动员能力。行业展会组织者可能是行业协会、第三方展览公司，也可能是行业媒介，他们拥有不同的行业资源，只要企业与他们认真沟通并挖掘，就能获得更多的市场资源，让展会产出更多。因此展会组织者的动员能力越高，该展会的赋分就越高。

（6）展会的规模。有些地方性展会规模过小，影响力弱，能吸引来的客户和嘉宾层级较低，对营销工作的开展帮助不大，这样的展会赋分就会较低，反之亦然。

（7）展会地点（城市和展馆）。展会举办的城市或展馆位置太偏远，往往会导致展品运输及参展人员的差旅、住宿等费用开销过大，让展会性价比偏低，从而赋分降低。

本章小结

公关借势是工业（B2B）企业强势品牌打造工作中，最为浓墨重彩的一笔。它要求工业（B2B）企业家和营销人有走出企业，站在行业高度看全局的视角。

德鲁克说：企业存在的唯一目的就是创造客户。

怎样才能创造客户呢？企业通过创造价值，赢得客户的认可和拥护，从而创造出了客户。

当工业（B2B）企业以客户为中心，站在行业高度去理解客户需求并以"利他之心"——团结一切可以团结的力量来为客户创造更大价值时，它就能赢得更多客户的认可和拥护，在更多客户心智中成为首选，甚至唯一选择，从而实现业绩的可持续增长。

在下一章，我们一起来研究探讨工业（B2B）企业打造强势品牌的过程中，品牌传播的方法和工具——我们如何能以更小的投入，实现与目标市场和客户群更高效的价值沟通，达到如下目的：提高品牌认知度、品牌认可度和品牌认同度。

第八章
第六步：品牌传播

有句老话说："金杯银杯不如客户的口碑。"

"有口皆碑"是工业（B2B）企业打造强势品牌所追求的目标——能够做到，那自然能成为客户心智中的首选，甚至唯一选择。

但怎样才能做到呢？显然不可能念叨着"酒香不怕巷子深"，靠时间的自然累积来让每一个客户通过口口相传来实现。

在激烈市场竞争环境中，海量信息冲刷着人们有限的心智空间，工业（B2B）企业必须积极有为，充分利用媒介的杠杆力量，放大"口碑"的音量，让目标市场上更多的目标客户听到我们的声音，并逐渐产生信任：认可我们，进而在合作后，更加认同我们——持续复购和转介绍新客户给我们。

工业（B2B）企业品牌传播就是借助媒介杠杆，放大"口碑"音量，让"有口皆碑"成为现实，真正把我们能给客户带来的不可替代的价值让更多人认知、认可和认同。

本章我们一起来学习研讨工业（B2B）企业品牌传播常用的方法和工具。

"流量为王"即将过去，"同道为伍"正在到来

商业逻辑的演变从未停歇，近几年尤其快。

PC 互联网时代，流量为王：谁掌控了流量入口，谁拥有了巨量粉丝，谁就有机会深刻洞察用户需求，牢牢地把控变现机会。然而，新技术、新媒介汹涌而来，这种刚刚成为共识的商业逻辑在过去的一两年间又被再次颠覆。

如果一定要找几个标记来做分水岭，那 2015 年的微信显然是最无可争议的选项，这是量变达到质变的一个关键节点，某种程度上标志着一个新时代的到来。

首先，媒介形态发生了历史性的革命。

人类历史上，狭义媒介定义下的媒体主要传播形态都是一对多、居高临下式的传播，尤以央视为代表。即使是微博、大 V 的存在，也让普通用户的存在感非常稀薄。微信的到来，是个划时代的变革：它是半封闭的朋友圈交流，它是圈层化的微信群分享，它是一对一的平等交往，它让动不动代表别人的霸道思维滚蛋，它让每个人都能够有机会做更好的自己。正如微信所倡导的：每个人都有自己的品牌。这，不是简简单单的一句口号，这是时代的声音，这是大势所趋。

其次，用户需求的不断升级和分化。

大家一定还印象深刻：曾几何时，我们也常常纠结于"性价比""差异化"这样一些产品营销概念，期待从产品的供给端找到延续传统大生产模式出路，但这样的探索止步于 2015 年。2015 年以后的消费者，不再为所谓的"好

产品"买单，他们只对能解决自己问题、能满足自己需求、能让他喜欢的产品买单。这种需求的升级和分化，硬生生地将一切还沉浸在"供给型"思维方式中的服务提供者扔进了历史的垃圾堆。

最后，品牌传播回归价值和理性。

在用户越来越"专业"、需求不断升级和分化的大背景下，品牌塑造和传播也从以往"高大上"的取向逐步转变为定制化的"小而美"——你是宇宙第一也好，是某某某领导者也罢，统统跟消费者没有半毛钱的关系，用户的需求回归价值和理性：你的解决方案要刚刚好能解决我的问题才行，而且这种品牌发展的趋势，并不局限于哪个行业或领域，而是全方位的颠覆。例如比较冷门的工业（B2B）企业品牌，也已经越来越多地显现出了这种特征：你随便到访一期工业（B2B）企业展会现场，就会发现越来越多的企业打出了"某某解决方案供应商""某某解决方案定制专家"的定位语。

"流量为王"即将过去，"同道为伍"正在到来。选择的日益多元化让我们的生活和努力的方向不再拘泥于是非对错、黑白分明的二元结构，而是"你是苹果我是梨"，各有各的精彩。也正因为如此，粉丝数量众多已不稀罕，真正稀罕的是同道中人有多少，携手并肩为梦想而努力才是王道。与此同时，从市场运营的角度来讲，针对同道、同好、小众用户不断定制、快速迭代、持续优化解决方案将成为未来很长一段时期内商业逻辑的主旋律。

全网营销：鱼在哪里，我们就应该在哪里

营销是什么？价值沟通！

在新媒体层出不穷的今天，工业（B2B）企业可以发挥船小好掉头的优势，积极以变应变——拥抱新技术、新媒体，努力以更小的投入，实现与目标市场和客户群体之间更加高效的价值沟通。

以往，工业（B2B）企业比较常用的营销方法，主要是业务人员上门推销、通过渠道商进行代理分销，通过展会进行展示和推广等，这些方法的优点是人与人能进行面对面沟通，受众精准、针对性强、能够快速赢得客户信任，效果立竿见影，缺点是成本较高、影响面相对窄、效率相对低；且随着中国经济的迅速发展和市场竞争日趋激烈，相关人员难招募、难培养的问题也越来越凸显出来。

之后，随着互联网技术的不断发展，越来越多的工业（B2B）企业学会了借助 PC 端网络进行营销推广，网络营销的特点是覆盖面广、长期有效、成本低，缺点是只能起到提升品牌告知的作用，营销人员很难与目标客户建立深度信任，对促进品牌认可度和品牌认同度能起到的作用比较有限。

再后来，随着移动互联网的蓬勃兴起，微信、抖音、头条、腾讯会议、ZOOM、小鹅通等众多手机 App 不断发展迭代，不仅走入了普罗大众的生活，也已经深刻地影响了工业（B2B）企业的商业生态，尤其是营销环境。移动互联网营销传播的特点是受众相对精准、长期有效且容易赢得客户信任、影响受众面广、效率比较高，缺点是品牌接触点碎片化、企业不易掌控。

显然，随着时代的发展和技术的进步，工业（B2B）企业营销人员与

目标客户之间接触的方式在不断增加，为了以更低的投入，实现更高效的价值沟通，我们该如何顺势而为，充分利用好这些数量众多，且依然在不断增加的接触点，为我们的营销工作创造更多的机会呢？

全网营销应运而生！

全网营销就是把 PC 端互联网、移动端互联网，以及传统线下营销推广方式全部涵盖进来，且使之相互融合、高效协作的新营销模式。

为了方便学习和应用，我们特别将其归纳为：

全网营销 = 天网 + 地网 + 人网

全网营销是"以客户为中心的"，鱼在哪，我们就应该在哪，鱼喜欢哪种沟通方式，我们就采用哪种沟通方式，最终的目的只有一个：以更低的成本，实现更高效的价值沟通。

对工业（B2B）企业来讲，全网营销是营销工作深入开展的必然趋势。

从企业外部经营环境来看，中国经济正在从全面小康迈向共同富裕，90 后，乃至 00 后都已经开始步入职场，新生代的三观和价值理念演变将引发客户需求的不断嬗变和升级，与之相对应的营销沟通方式、工具、场景也必将同步迭代升级，这种变化不仅会发生在大众快消品领域，在工业企业所面对的营销沟通场景中也已经越来越常见。

例如：2020 年疫情期间，大量工业（B2B）企业通过腾讯会议在线召开行业技术研讨会，对经销商进行赋能培训，通过小鹅通搭建用户课堂，邀请行业大咖进行在线讲座分享，甚至也有企业搭建在线展会平台，广邀国内外客户在线参展交流……

2021 年，疫情的阴霾还未散去，工业（B2B）企业对全网营销的探索也没有停止，反倒随着更多新技术、新平台的兴起而更加深入。

越来越多工业（B2B）企业开始试水抖音带货、微信视频号直播、头条投放广告……并取得了可观的成效。

可以预见，工业（B2B）企业未来的营销工作必将实现全网营销——价值沟通渠道和方法多姿多彩、百花齐放，绝对不会再回到酒桌上、KTV里、洗头房中去无休止地考验人性！

从企业内部管理运营来看，随着越来越多的80后，甚至90后年轻一代企业家成为工业（B2B）企业的掌舵人，受过良好教育、拥有开阔视野、对事业怀有满腔热情、富有责任感和使命感的他们将把自己对新商业的理解、对新技术的洞察都融入企业的经营管理，加之新生代的员工职业素养普遍更高、专业能力更强，这一切都将让工业（B2B）企业的全网营销和全员营销方式更容易达成共识，并有能力落地实施。

例如，我曾经作为陪伴式顾问辅导了K企业两年时间，第一年，通过建立5A级客户服务体系，实现客户分级服务。线下——在重点市场区域设置加盟商服务站；线上——为VIP加盟商提供在线私董会等服务，真正做到以客户为中心帮加盟商赚钱。用公司有限的资源，服务好优质加盟商。第二年，通过建立全网营销＋全员营销系统，实现业绩可持续增长。线下——通过策划和组织全国加盟商技术交流会，积极开拓市场和发展优质加盟商；与此同时，负责区域加盟商发展的销售经理，积极呼吁公司的大力支持，努力实现区域市场做深做透全覆盖。线上——通过PC端网络营销搜索引擎优化（SEO）、搜索引擎营销（SEM）实现低成本引流获客；通过移动端企业商学院、全员微信朋友圈、公众号、微信群等工具获客、促进销售转化及提供对老加盟商的增值服务；最近，他们又在积极尝试视频直播带货……

狄更斯说：这是一个最好的时代，这是一个最坏的时代！

有些工业（B2B）企业，躺在以往成功的辉煌历史上，面对狂奔而来的新时代、日渐复杂的营销环境，瑟瑟发抖，踌躇不前；也有些工业（B2B）企业，信奉"没有成功的企业，只有时代的企业！"摩拳擦掌，希望借助新技术、新平台，让营销工作推动自己的事业，再上新台阶！

全网营销是正在奔向我们的"灰犀牛"，你喜欢，或者不喜欢，它终将到来！

全网营销是帮助工业（B2B）企业通向营销新时代的"高铁"，登上它，探索它，共赴未来！

大道至简，工业（B2B）企业品牌传播的"3C 模式"

在工业（B2B）企业市场营销实践过程中，有一种模式在我们策划和实施营销活动的过程中不断浮现，似乎是一种规律性的存在。尤其是在市场营销传播中，这种规律性更加明显。我们暂且将其称之为：工业（B2B）企业市场推广的"3C 模式"（见图 8-1）。

图8-1 工业（B2B）企业市场推广的"3C模式"

第一个"C"：Crowd（受众群体）

工业（B2B）企业市场的受众群体一般是专业人群，他们在大众群体中呈点状分布，工业（B2B）企业市场部首先要做的就是通过市场调查，了解他们的生活和工作习惯、信息获取方式、经常聚居场所、频繁关注的话题等群体特征。

第二个"C"：Contents（内容定制）

即在企业发展的特定阶段，应品牌推广和产品销售的需要，企业希望特定的受众群体接受什么样的信息，这就涉及了市场推广的内容定制问题。事实上，即使是同一行业内容的受众群体也会因为所处产业链位置的不同而产生巨大的差异。例如：针对终端业主、专家、一般技术人员等，所发布的企业和产品信息就需要有不同的侧重点，这样才能最大限度地达到影响和促进其决策的作用。

第三个"C"：Channel（信息通道）

由于不同受众群体的知识水平和认知能力有所差别，不同信息通道对其所产生的影响力也存在差异。例如：一位大型国企的老领导可能对互联网上刊载的信息不予理睬，却对内容完全相同、只是报道在行业期刊上的文章大加赞赏。因此，在向不同受众群体传播不同内容信息时，要特别注意信息通道的选择。

工业（B2B）企业的市场部应该潜心研究上述3个"C"，因为它们贯穿了整个工业（B2B）企业市场营销体系的始终，善加应用，将"一生二，二生三，三生万物"——衍生出的无数新创意。

传播媒介：全网品牌接触点管控

品牌是客户所感知价值的总和，客户在采购过程中，凭借感知价值来做评判和选择，这就意味着工业（B2B）企业为了更低投入、更高效地达到更好的营销成果，理所当然应该重视对品牌接触点的管理。

什么是工业（B2B）企业品牌接触点？

品牌接触点是指客户与工业（B2B）企业品牌发生交互的关键点，包括天网、地网、人网在内的一切信息和行为交互触点。

工业（B2B）企业常见的品牌接触点类型

工业（B2B）企业品牌接触点可以根据接触途径和媒介的不同，分为天网接触点、地网接触点及人网接触点，如表 8-1 所示。

表 8-1　成长型企业常见品牌接触点（按接触途径和媒介的不同分类）

接触点类型	概述	常见品牌接触点示例
天网接触点	PC 端互联网的接触点	官网、博客、百度百科、论坛
地网接触点	线下场景各种接触点	销售拜访、电话话术、展会现场、协会商会、论坛活动、行业沙龙、专题讲座等
人网接触点	移动端互联网的接触点	企业公众号、企业社群、微信朋友圈、微信话术

亦可根据传递的内容和形式不同，分为信息接触点和行为接触点，如表 8-2 所示。

表 8-2　成长型企业常见品牌接触点（按信息和行为的不同分类）

接触点类型	概述	常见接触点示例
信息接触点	通过文字、图案、声音、画面、视频等形式和内容进行交互的接触点	企业 VI 系统
行为接触点	通过人际沟通、交流、服务、合作、活动等形式和内容进行交互的接触点	销售拜访、技术交流、售后回访、高层拜访、电话沟通

工业（B2B）企业品牌接触点还可以根据客户采购决策流程及持续服务、深化合作的过程和一般场景，按照场景来界定，例如：销售拜访、技术交流、工厂参考、样板考察、参与投标、签订合同、财务流程、发货安装、技术指导、售后服务、客情维护、客户回访、高层拜访、展会互动、行业活动等。不同工业（B2B）企业的营销人可以根据企业自身的特点和资源条件，选取与业务流程适配的品牌接触点来进行评估和管理。

如何有效管理品牌接触点？

工业（B2B）企业品牌接触点形式多样、内容繁多，看似简单，大都在我们日常营销工作中常见，但要想面面俱到，做到滴水不漏，却殊为不易。

我们可以通过表8-3所示的三步法来做系统管理。

表8-3　品牌接触点有效管理三步法

步　骤	要　点	操作方法
第一步：列出品牌接触点清单	尽可能以客户视角，全面罗列品牌接触点	头脑风暴、样板参照
第二步：品牌接触点影响排序	客户与每个品牌接触点交互的频率和强度不同，对客户感知价值造成的影响也有所不同，而工业（B2B）企业的人力、物力、财力等资源是有限的，因此有必要做优先级排序，分批次分步骤优化	团队打分、分步优化
第三步：品牌接触点优化表	对排序选定的品牌接触点进行有效性评估和持续优化	按表执行

工业（B2B）企业品牌接触点优化表设计

工业（B2B）企业品牌接触点优化表可以根据企业自身需求来定制，表8-4是一个样例，可供大家参考。

表8-4　成长型企业品牌接触点优化表

品牌接触点	接触点A	接触点B	接触点C	接触点D	……
有效性评估					
竞品参照					
标杆参照					
优化措施					
立项实施					
效果评估					
下步建议					

对工业（B2B）企业品牌接触点进行系统有效的管理，能大幅提升客户的感知价值，不仅能帮助销售团队在引流获客、销售转化、复购转介绍及客情维护方面的工作开展得更加得心应手，而且能从品牌认知度、品牌

认可度、品牌认同度 3 方面帮工业（B2B）企业快速积累宝贵的品牌资产。

社群运营：学习分享型微信群成员矩阵图

不同于微博及以往媒体一对多的宣传特性，微信群更注重平等分享。因此，微信群成员的不断新陈代谢和有序淘汰就成为微信群运营至关重要的内容了，甚至可以毫不夸张地说：学习分享型微信群成员的升级发展就是其成长的生死劫：群内成员专业能力强、参与程度高，则生；群内鱼龙混杂、劣币驱逐良币，则死。

为了帮助群主和管理员有效促进微信群成员的新陈代谢和逐步升级，可以画出如下用于刻画群成员发展特性和趋势的矩阵（见表 8-5）。

表 8-5　学习分享型微信群成员矩阵

微信群成员	专业能力		
参与程度	采取措施	强	中	弱
	高	专业明星	积极培养	鼓励
	中	专题邀请	促进	观察
	低	鼓励	观察	淘汰

第一类：专业能力很强，参与程度非常高。这是微信群发展的中流砥柱，他们的存在是微信群的价值所在，也是微信群不断朝良性发展的必要条件。在微信群的日常管理中，群主应该关注和发掘其业务需求和个人发展需求，有意识地帮助他们有效把业务拓展和个人发展需求与微信群发展有机统一起来，促使他们认识到：一个优质的微信群是个人和事业发展的助推器、智囊团。

第二类：专业能力很强，但参与度中等。作为一个领域内的专家和大咖级人物，工作繁忙是一定的，所以，参与程度随着工作节奏有高有低也是在所难免。他们愿意常常发表自己看法，本身就表明了对该微信群的认可，也没必要强求他们总保持在线，可以通过专门邀请，让他们在自己最擅长的专业方向上发表看法，甚至举办讲座。

第三类：专业能力强，但参与度比较低。这种情况比较常见，背后的原因相对复杂：有的是因为工作繁忙、时间紧迫，偶尔才会看看；有的是因为自恃身份，不愿意多说话；有的是因为观念比较传统，对微信群这种交流方式还心存疑问，处于观察状态；有些是因为竞争对手也在同一个群，觉得不方便说话；等等。但细细观察，这类群友往往岁数偏大，在业界辈分较高，对新媒体理解和接受度比较差，对专业和行业的认知还保持比较传统的看法，因此应尽量鼓励他们，让他们打消顾虑，不要抱着传统的门第、门派观念不放，而是主动沟通、轻松分享。他山之石可以攻玉，若能汲取别的领域内专家的优秀观点为我所用，他们一定会在自己所擅长的领域更出色。

第四类：专业能力中等，但参与程度高。他们往往来自企业一线，实践经验丰富，在某些方面体会非常深刻，但缺乏系统性，其功力类似段誉之六脉神剑——在自己操作过的领域，显示出极强的实力，因此从整体运营角度来看，优势和短板一样突出。他们是微信群里个人发展诉求最明确的一类群友，要积极培养和鼓励，在专业发展方面，努力帮助他们，在话题设置方面，尽量向他们倾斜。

第五类：专业能力相对弱，但参与程度很高。作为专业领域的新手和菜鸟，他们入群是想要与高手和大咖为伍，学习业界最先进的方法和技能，因此，对各个方向的话题都很感兴趣。他们无法贡献更多有价值的专业观点，但拥有热忱的心和初生牛犊不怕虎的开放心态。他们的参与可以让专业的讨论变得更有趣味。所以，在话题讨论中要带上他们一起玩，甚至在话题设置上，要时不时降低调门，鼓励他们积极参与。

第六类：专业能力和参与程度都属于中等。这种情况比较多出现在新入群的群友及没有比较匹配的话题的情况下。他们往往因为拿不准微信群内的群友结构，对自己能否发表看法，以及是否专业程度不够而犹豫不已。对此，可以通过红包游戏、简单话题讨论等方式让他们通过一段时间的观察，逐步打开自己，参与到微信群互动中来。

第七类：专业能力中等，参与程度很低。他们或许只是因为属于这个专业领域，而被邀请进了这个群，但个人对这个专业并不是十分喜欢和认同，所以对该类话题参与度很低；也可能是忙于工作，对微信群这种沟通形式本身不熟悉，所以参与度低。总之，对此情况需要认真观察，然后确定是帮助促进还是淘汰。

第八类：专业能力比较弱，但参与度中等。这是比较典型的新手和菜鸟群友，需要观察一段时间，看其是否确有心学习，还是只是随便加个微信群，跟着打酱油！如果是前者，那就促进和鼓励其学习进步；如果是后者，那就通过一些措施淘汰。

第九类：专业能力很弱，参与程度也很低。那就直接淘汰吧，让大家都节省些时间，做更有价值的事情。

客户验厂：工业（B2B）企业参观验厂常见六大错误操作

参观验厂是客户对工业（B2B）企业加工能力和经营实力的全方位考察，是销售过程中一个至关重要的环节。成功的接待往往让客户在参观验厂的过程中看到他们所期待看到的东西，了解到相关专业知识，受到一些新的启发，并因此而认可公司实力，认同公司经营理念，最终增强对公司及其供应链保障能力的信心，达成明确的合作意向。与此同时，客户还在考察过程中，与工业（B2B）企业销售、技术及相关部门和高层建立和加深了个人交情，为后续的业务合作和客户关系维护升级奠定了良好的基础。

事实上，对诸多工业（B2B）企业来讲，参观验厂阶段的顺利完成，基本上就意味着正式跨入了与客户实质性合作的门槛。然而，就是这样一个举足轻重的销售环节，很多工业（B2B）企业却还是失误频频——比较常见的错误操作有如下 6 种。

销售经理没有时间

工业（B2B）企业的业务人员往往每天都有大量的内部协调、外部联络工作要做，时间安排非常紧凑，再加上还要经常去拜访客户、参加市场活动，所以，他们的时间很容易和客户参观验厂的时间有冲突。这时，如临时让公司派人，甚至私下请同事帮忙接待，就不仅让销售经理失去了与客户建立良好个人关系、深入了解客户方需求的宝贵时机，而且因为信息和工作沟通不畅，对客户考察工作的安排很容易过于随意，给客户留下公司及人员不专业的印象，从而降低了客户对公司的信任感，对后续业务开展造成不良影响。

因此，工业（B2B）企业销售经理切忌在自己无法亲自接待的时间，安排客户参观验厂，而且整个接待过程必须由销售经理亲自参与和做全盘考虑，确保考察过程中各种公司资源能够投入到位，促进销售进程尽快向前推进。

销售经理当甩手掌柜

有些工业（B2B）企业的销售人员认为：参观验厂，自己的工作任务就是将客户成功邀请到公司来，至于后续的接待工作就得仰仗公司技术、生产和公司高层的表现了，反正自己也只能是尽可能协调，又不能"命令"他们……如果接待工作顺利，那就皆大欢喜，销售工作推进到商务洽谈阶段；如果不顺利，那也没办法，那是公司支持不够，相关职能部门的表现没能让客户满意，我能怎么办？

这种想法是极其不负责任的，参观验厂是我们工业（B2B）企业销售进程中具有决定性意义的一个环节，是需要我们销售经理来主导完成的：要达到什么样的目的？需要哪些公司资源来配合？需要各个职能部门注意些什么？这些都需要销售经理来亲自策划，绝不能只是带客户来，然后"靠天吃饭"，那是对公司资源极大的浪费。

角色颠倒：客户唱主角，销售经理唱配角

客户参观验厂，谁是主角，谁是配角？

好多工业（B2B）企业的销售经理下意识地觉得：不是说以客户为中心吗，当然客户是主角了！

这种认知大错特错！诚然，作为客户采购流程的重要环节，参观验厂是客户非常看重的，对我方来说，也是对客户需求的必要响应。但作为我们工业（B2B）企业销售工作流程中的重要环节，我们要以更加积极的姿态看待它：参观验厂不只是我们对客户需求的被动响应，更应该是我们推进销售工作进程的必要举措。把握清楚客户来考察的真实需求，为此定制符合客户期待的参观验厂解决方案，并细致入微地安排实施，是工业（B2B）企业销售经理的必要工作。在这一过程中，销售经理和工业（B2B）企业才是主角，这出戏要导演出工业（B2B）企业和销售经理的实力和风采，才能达到让客户加深信任、推动销售工作进程的目的。

盲目安排高管接待

很多工业（B2B）企业销售经理在安排客户参观验厂时，几乎下意识地就会想请老板或高层出马，觉得这样的安排才能让自己安心和放心，同时，认为这样的安排能够给足客户面子，体现公司对客户的尊重。但这种认知值得我们反思：参观验厂一定要老板或高层亲自出马接待吗？

老板和高层亲自出马接待，其实是有很大风险的：因为客户跟销售经理可能已经建立起了一定的个人情感和信任关系，但跟老板和高层往往是初次见面。如果老板和高层不能在短时间内与客户建立认同，获得客户的信任，没准会对销售工作进程的推动起到反作用。

工业（B2B）企业的销售经理一定要事先想到：什么样的客户，在什么样的场景下，才适合安排与老板和高层见面沟通，起到加深信任、推动销售进程的作用；而且，在安排老板和高层与客户见面之前，一定要事先与其沟通下客户的大概情况，客户此次参观验厂的主要期待和诉求等，让他们能大概掌握客户情况，知道应该如何去交流和帮助你推动销售进程。

乱点鸳鸯谱，接待缺乏规划

工业（B2B）企业的销售经理要事先了解客户参观验厂的期待和诉求，了解来访团队的职务和个人信息，以方便我方安排对口的职能部门负责人与之相匹配。比方，如果对方需要考察某些工艺要求比较特殊、加工难度较大的铸件加工能力，特别注重我方技术研发实力，那我们一般就要事先安排技术研发部负责人与其沟通，这样会比较容易满足客户参观验厂的需求。相反，如果销售经理不关注客户诉求，只是一心想推动销售工作进程，而只请了销售部门的领导从商务角度帮助自己，往往就会"鸡同鸭讲"，难以碰撞出火花，白白浪费了双方的宝贵时间。

不分主次，重心放在吃喝游玩

某些工业（B2B）企业的销售经理，经常会一厢情愿地认为：客户参观验厂只是走个过场，那么短的时间，能看什么啊，还不如吃喝游玩把客户招呼好了，一切都万事大吉。

可能有一些比较低端的铸件采购人员会喜欢这种套路，但毕竟规范的大客户的采购和技术团队，其对待参观验厂还是非常慎重和认真的——他们百忙之中抽出时间，不远千里到供应商工厂来考察，往往是背负了深度考察供应商的公司实力、发展规划和经营理念的重任，希望能发掘到可以发展为长期战略合作伙伴关系的优质供应商。

因此，如果工业（B2B）企业的销售经理，对来访客户的需求和关切点关注不够，没能事先认真规划、提供合适的机会和场景让客户完成参观验厂的核心任务，而只是把重点放在哪里吃、哪里玩这些细枝末节上，不管吃喝游玩的水平有多高，都很难让客户建立对企业的信任感，反倒会让客户打心眼里认为这家工业（B2B）企业不靠谱，不务实。

上述 6 个错误操作在工业（B2B）企业的销售工作中比较常见，希望能引起足够的重视。这样让参观验厂流程顺利完成，让客户不辞辛苦来考察，能带着完美的答案满意而归，对后续合作形成明确的意向，十分有利于将工业（B2B）企业的销售工作进程顺利推进到下一个阶段：商务洽谈。

工业（B2B）企业文章通讯撰写的八大常规类型

孔子说过，选择贤才要"观其言而察其行"。对工业（B2B）企业来讲，用户对企业的信任、企业品牌影响力的建立和不断扩展，都离不开企业的"言论"。从某种程度上讲，工业（B2B）企业市场部经常会担当企业新闻发言人的角色：不仅要根据市场推广的需要选择合适的媒介和平台、委派合适的人来发声，而且要设计好"脚本"，让每个接触点按照企业的需要来表达观点。

如果把这些言论和脚本比作大树的枝和叶的话，企业文章和通讯就是树干，与企业的根基血脉相连，向公众展示其精神风貌和气质。工业（B2B）

企业频繁使用的有如下 8 种常规类型。

行业趋势评论

用"一招鲜，吃遍天"来形容许多工业（B2B）企业并不过分，尽管没有动辄几亿、几十亿元的营业额，但却并不妨碍它们在细分市场成为行业领导者，因此，"胸怀天下"，从全行业发展的角度来论述，客观上让业界人士分享了有价值的观点，主观上强化了企业作为领头羊的行业地位。

公司高层访谈

高层访谈可以让受众群体更深入地了解企业的历史、现状和未来发展趋势，企业的价值观、经营理念，公司的优势产品线和技术特点及未来产品亮点，等等，其形式生动活泼，能在谈笑间潜移默化地将公司的品牌形象具象化、视觉化，让人倍感自然亲切。如果在使用过程中，辅之以视频、音频资料，将更使其喜闻乐见。

公司专题报道

择机通过合适的媒介刊载公司专题报道，是工业（B2B）企业全面展示其经验理念、公司实力、技术优势及员工精神风貌的一种形式。有时，考虑到媒体的版面因素，或者企业希望能在较长时间段持续展示，公司专题报道也可以以连载的形式出现。

公司理念宣扬

这类文章和通讯，主要是结合工业（B2B）企业的品牌定位，就其经营理念做生动讲解。切忌通篇是铺天盖地的大道理，可以借助小故事、小案例来从细节见真章。为了宣扬"海尔真诚到永远"的经营理念，海尔借助了大量生动的事例来做阐释，例如大家耳熟能详的"能洗大袍子"的洗衣机，"能洗地瓜"的洗衣机，"偏远山区送冰箱"，等等，都是可供工业（B2B）企业市场部认真学习和模仿的经典案例。

产品对比测试

对工业（B2B）企业来讲，技术服务于人是永恒的主线。产品对比测试类的文章和通讯以精确的技术数据和严谨的逻辑思维向受众群体传递企业产品特点、技术优势、用户受益点等实实在在的信息，外行看着一头雾水，内行却是深谙其味。或许，这类文章和通讯也正是以其不媚俗的气质赢得了专家和技术人员的心。

产品推广文章

每每推出新产品，这类文章和通讯就能大显身手：要么主打新功能、新外观、新技术应用的"新"字诀；要么力证更智能、更轻巧、更省力、更方便……"蛊惑"人们"没有最好，只有更好"的欲望之心。当然，这类产品的出现自然是技术发烧友的饕餮盛宴，作为工业（B2B）企业市场人，你得拿出点真材实料，才能不辜负受众按捺不住的心。

技术应用案例

关于"例证法在工业（B2B）企业营销中有用吗？如何撰写典型应用案例？"在第五章中已经有详细讲解，此处不再重复。

公关活动报道

"酒香也怕巷子深"——工业（B2B）企业市场部要有意识地主动搜集企业组织和参与重大活动的素材，并以恰当的视角予以宣扬和报道，以期让客户、渠道商、企业员工等受众群体及时了解公司最新动态，深刻体会公司经营理念和战略方向。

工业（B2B）企业的文章和通讯，尽管不必强求辞藻有多华丽，构思有多巧妙，但也绝非"照猫画虎""照葫芦画瓢"那么简单，工业（B2B）企业市场人要想做好这项工作，一定要练好"懂产品、懂市场、懂公司资源"这3项基本功。

本 章 小 结

品牌传播是工业（B2B）企业市场部比较熟悉的工作模块，本章着重从传播原理出发介绍了"3C"模型，并在此基础上归纳了全网品牌接触点提炼和管控的方法，就人网社群运营、地网客户验厂、日常传播内容等3个品牌传播关键点做了详细阐述。

下一章，我们一起来研究探讨工业（B2B）企业打造强势品牌过程中的品牌评估环节。

第九章
第七步：品牌评估

品牌评估是对工业（B2B）企业打造强势品牌工作的阶段性评价和检验，主要可以从如下 4 个层面来做复盘和评估。

第一，客户层面。品牌是个客我概念，做得好不好，首先当然要看品牌在客户心智中留下了什么样的印象，是不是我们所期待的"首选，甚至唯一选择"；其次，我们要诚恳地向客户征询意见，理解客户最急迫、最期待的诉求，以及其他品类供应商哪些方面做得比较优秀，可供我们学习和借鉴；最后，我们还希望能了解客户未来 3 年的发展规划和设想，思考我们在哪些方面可以配合客户的发展来提前做准备，以便能够持续为客户提供最具价值的产品和服务解决方案。

第二，老板（高层）层面。常言道：做事不由东，累死也无功！工业（B2B）企业的强势品牌打造，一定是在老板认知覆盖范围之内。如果老板本身不理解、不支持，那推进起来往往事倍功半。尤其是如果老板根深蒂固地认为打造强势品牌是市场部的职能工作，自己不愿意参与进来，那在这样的公司打造强势品牌无异于水中捞月！

因此，市场负责人认真听懂老板（高层）的战略意图，随时汇报听取反馈意见的过程，也是帮助老板深化对强势品牌价值认知的过程，一定不要忽视这个动作。战略思考的缺失，靠战术勤奋是补不回来的。

第三，销售层面。销售是公司内部强势品牌的直接受益者，也可以算是市场团队的主要内部客户，他们怎么评价品牌打造工作，是品牌评估非常重要的一个方面。

在目标市场和客户群心智中成为首选，甚至唯一选择，最直接的反应当然是销售工作更好做了——优质客户线索多了，产品和服务更好卖了（客户更容易认可和信任），老客户复购增加了，转介绍而来、慕名而来的新客户越来越多了！

因此，销售团队的评价和反馈很重要。在评估过程中，不仅要反馈结果，还要能了解销售对当前的品牌打造工作有哪些意见，还可以怎么改进，营销团队如何更好协同作战来促进销售业绩实现可持续提升。

总之，品牌评估的过程，其实也是360度调研的过程，希望能够为下一轮的工作开展蓄积更多的好思路、好想法，以及赢得更多的内外部资源支持和帮助。

第四，市场团队层面。作为工业（B2B）企业强势品牌打造的责无旁贷的牵头部门和协调人，市场团队对品牌建设的阶段性成果做评估和复盘是非常必要的。其有助于让市场团队内部了解工作中的不足和需要努力改进的方向，有助于市场团队业务技能的不断提升，也有助于市场团队达成共识目标，为下一轮的品牌运营工作夯实基础。

为了让市场团队品牌评估工作操作更加简单，评估结果对后续品牌运营工作改善有更强的指导意义，笔者总结和提炼了工业（B2B）企业三度（品牌认知度、品牌认可度、品牌认同度）品牌评价模型。

本章，我们就从上述 4 个层面一起来学习和探讨做工业（B2B）企业品牌评估的方法和工具。

工业（B2B）企业客户满意度调查 3 种实用方法

"好看的皮囊千千万万，有趣的灵魂万里挑一！"伴随着人们的消费需求从"功能性"向"体验性"升级的浪潮，中国已正式进入以消费为主导、追求美好生活的经济发展阶段，第三产业占 GDP 比重已超过 50%，且服务业增长明显快于工业。人们在解决了温饱问题、耐用品消费、住与行的问题后，开始追求健康快乐、追求品质和美好生活。

C 端的客户需求升级，传导到 B 端，客户需求的升级也显而易见——从传统的质量、成本、交期三要素，向着更好的服务体验一路狂奔：客户期待更好的供应链保障、更有前瞻性的用户需求洞察、更有创造性的客户产品价值提升……

按照国家统计局专家郭同欣的说法就是："经济结构在分化调整中正在发生深刻变化，新主体正在形成，新业态正在涌现，新动力正在孕育。"

未来已来，巨变正在发生！工业（B2B）企业根本不存在变与不变的选择问题，真正摆在面前的问题其实只有一个：如何变？

"中国制造 2025"其实早为广大工业（B2B）企业指明了转型升级的两条路：服务型制造或工业服务业，笔者在近年来为多家工业（B2B）企业进行转型升级咨询项目辅导中深深体会到这两条路的前瞻性和巨大空间：它将引领工业（B2B）企业从"以产品为中心"向"以市场为导向""以客户为中心"做根本性转变；它将以市场为龙头，彻底激活和拉动工业（B2B）企业内部管理升级；它还将帮助企业全面盘点企业资源和优势，重新定位，获得巨大的战略发展空间。

一切改变的原点是客户需求，判断改变成功与否的唯一标准是客户满意度。

因此，客户满意度调查是工业（B2B）企业浴火重生的起点。在实际操作中，常常用到如下 3 种方法。

综合问卷法

提起综合问卷法，很多人会不以为然：为了应付 ISO9001 质量管理体系认证，临时让销售人员找几家关系不错的客户填个客户满意度调查表凑数几乎是业界公开的秘密了。"汝之蜜糖，彼之砒霜"，刀能杀人，也能切菜，关键不在刀，而在用它的人。长期以来，企业走过场、客户捧个场、过关束高阁的命运，让客户满意度调查形同虚设，白白浪费了工业（B2B）企业与客户深度沟通的大好机会。时至今日，市场竞争日趋激烈，以客户为中心日益成为工业（B2B）企业市场运营工作的主导方向，客户满意度调查的价值必将被重新认知。

通常，可以参照如下模板来设计问卷和进行客户满意度调查。

【参考模板】

客户满意度调查表

编号：AX/ZD10-03

尊敬的客户：

感谢您过去对我们的支持与关照！为了更准确和深入地了解您对我公司产品和服务工作的要求、意见及建议，持续改进和提高产品品质和服务水平，请您认真填写此表（见表9-1）并回传，非常感谢！

表9-1　客户满意度调查表

序 号	项 目	很满意	满意	一般	不满意	极不满意	得 分	理由（本项选填）
		100	80	60	40	20		
1	产品质量							
2	成本控制							
3	按期交付							
4	响应速度							
5	专业水平							
6	工作效率							
7	服务态度							
8	企业形象							

您认为本公司在哪个方面做得较好：

您认为本公司在哪个方面做得很不足：

您对本公司有其他建议：

填表人：　　　　　　　　　　　　　　　日期：

上述模板适用于大多数工业（B2B）企业进行常规的客户满意度调查，其优点是简单实用、逻辑清晰、易于操作，适用性强。其缺点主要有两个方面：一是客户在反馈信息时可能会因为对具体项目概念的理解不同而有一定的认知偏差，从而导致评价结果比较粗放；二是对调查操作人员的专业能力和经验要求比较高，必须有能力准确解读客户项目评分背后的含义和具体原因，必要时需要与一线销售和客服人员共同研读。

关键指标法

为了让客户满意度调查问卷更加精准地反映客户需求及我方产品和服务需要提升的主要方面，同时也让回收的问卷易于解读并降低对调查操作人员的专业能力和经验要求【当前我国工业（B2B）企业市场部从业人员大多缺乏一线市场经验，关键指标法让工业（B2B）企业客户满意度调查更加落地和有实效】我们可以考虑根据行业特征和公司产品特点定制调查问卷的内容，请客户对我方产品和服务的关键指标进行更直接的评价，举例如下。

【参考模板】

J公司客户满意度调查表

一、总体评价

Q1：总体来说，您对J公司2017年度产品和服务质量的评价如何？（见表9-2）

表 9-2　综合评价

评级	非常满意	很满意	满意	一般	不满意
量化指数	100	75	50	25	0
您的评价					

二、功能评价

Q2：在 J 公司产品功能方面，您对下列指标（见表 9-3）的评价如何？

表 9-3　功能评价

指标	评级					
	非常满意	很满意	满意	一般	不满意	您的评分
成品率	5	4	3	2	1	
外观	5	4	3	2	1	
技术	5	4	3	2	1	
质量一致性	5	4	3	2	1	

三、价格评价

Q3：在 J 公司产品价格方面，您对下列指标的评价如何？（见表 9-4）

表 9-4　价格评价

项目	评价					
	评价分级	非常满意	很满意	满意	一般	不满意	您的评分
性价比	量化指数	5	4	3	2	1	
报价方式	量化指数	5	4	3	2	1	
定价理念	量化指数	5	4	3	2	1	

四、服务评价

Q4：在 J 公司所提供服务方面，您对下列指标的评价如何？（见表 9-5）

表 9-5　服务评价

项 目	评 价						
	评价分级	非常满意	很满意	满意	一般	不满意	您的评分
交期保障	量化指数	5	4	3	2	1	
新品开发	量化指数	5	4	3	2	1	
响应速度	量化指数	5	4	3	2	1	
专业能力	量化指数	5	4	3	2	1	
其他	还希望J公司增强哪方面服务能力？						

五、关系评价

Q5：您对与J公司的合作关系如何评价？（见表 9-6）

表 9-6　关系评价

评价分级	一般业务关系	友好合作关系	优质供应商	战略合作伙伴
您的选择				

Q6：为了与重点客户共建更加深入的合作关系，J公司将在 2022 年度推动如下举措，您对哪些比较感兴趣？（见表 9-7）

表 9-7　深化合作意向表

序号	具体措施	您的选择
1	金三角客户服务组（客户经理/品质经理/生产厂长）工作群	
2	定期工作沟通会/研讨会/技术交流会	
3	高层领导互访沟通机制	
4	销售订单预订机制（战略合作伙伴供应链保障计划一）	
5	部分虚拟产能机制（战略合作伙伴供应链保障计划二）	
6	服务型制造-需求洞察项目（客户产品竞争力提升计划）	

Q7：您对我公司的其他建议。

上述案例中，J公司对客户满意度关键指标进行了细化和量身定制，能够比较好地应对众多客户满意度调查的市场运营工作,其优点是:(1)问卷标准化,可大面积发放和调研,覆盖面广且操作简便；（2）对调研操作人员要求低，按照工作流程操作即可。其缺点是：（1）问卷需要量身定制，必须对行业惯例、产品和服务特点、客户使用情况等有比较充分的认知；（2）对20%的重点客户来讲，问卷式调查过于格式化，对其更高层次的需求感知能力比较弱，无法有效获取和把握这些对公司发展和改善至关重要的信息。

深度访谈法

深度访谈法是咨询公司在工作中常常采用的基本方法，在工业（B2B）企业客户满意度调查中采用这种方法，对客户需求的把握比较深入。

实际操作中发现，工业（B2B）企业市场运营部门的负责人在采用这种方法后，往往对公司营销工作的看法大为改观：一方面，找到了源头，就找到了洞察和把握公司经营战略的切入口，能够逐渐做到与老板心意相通；另一方面，找准了需求，就不再会被一线"价格太高，产品不好，服务不如人……"等表象问题所迷惑，转而明确了市场运营的靶心，能够有的放矢，把市场运营工作做到实处。

【参考模板】

B公司重点客户深度访谈提纲

访谈目的：为了明确和清晰我公司未来的品牌发展方向、目标、增长来源、资源配置，更好地为客户提供最佳解决方案以及为实现上述目标而制定相应举措，我们希望通过访谈深入、系统、客观地了解企业内外部经营现状。贵公司是我公司重点客户之一，对我公司产品和服务的使用需求有非常全面和深入的理解，所以，我们特别希望能占用您一些时间，向您请教我公司产品在贵公司项目中的使用情况、存在问题、未来优化和改进方向等，并认真听取您对本项目的意见和建议。

为了保证访谈的有效性和结果的真实性，希望您在访谈过程中，能本着"知无不言，言无不尽"的原则，真实全面地提供信息和交流想法。

（表9-8是访谈的一些要点，仅仅作为意向性提纲。）

表 9-8　重点客户深度访谈提纲示例

项目模块	问题和提纲
客户反馈	目前我公司产品在贵公司项目中的使用情况如何？各部门反馈如何？有哪些地方做得不到位，还需要进一步改进？ 我公司的技术服务响应及时吗？支持到位吗？有哪些需要加强的地方？ 您所接触到的我公司相关人员素质如何？是否专业？有哪些地方需要改进？ 我公司如何配合贵公司项目来设计解决方案，会让您的采购和使用流程更简单顺畅？ 用一句话或一个关键词来形容对我公司的整体印象，您认为是？ 在我公司的服务中，有没有给您留下特别深刻印象的一个事例或故事？ 您平时关注哪些行业媒体和专业活动？通过哪些通道了解最新行业资讯？
支持体系	是否有必要建立一些定期沟通的机制，来提升技术服务的水平？ 我公司2022年应该怎么做，才能争取到贵公司更多的订单和项目？ 您觉得我公司的产品和服务还能做哪些改进，会让销售更顺畅？ 与我公司销售的日常沟通情况：主要沟通方式是？多久沟通一次？主要谈哪些内容？是否有定期业务沟通和回顾？是否帮助培训员工？是否协助销售和拜访客户？是否有库存和定期帮助盘点？是否有书面沟通工具（如报表等）？其他品牌和厂家做得好的方式方法有哪些？您给我公司的意见和建议是？ 大体描述下常规采购流程。您觉得从我公司进货和沟通的流程顺利吗？哪些环节不太顺，耽搁时间？ 如果下一年要增加50%以上的采购量，有没有问题？怎么做才能达到甚至超过这个目标？ 您希望我公司提供哪些政策和资源支持，让业务发展更顺畅？

续　表

项目模块	问题和提纲
取长补短	您目中理想的供应商应该是什么样的？ 除了我公司，目前还有哪些同类产品供应商在与贵公司合作？他们各家有什么优势，可供我公司学习和提高？您给我公司的意见和建议是？ 我公司想更加及时地从使用部门得到反馈，以持续改进和优化解决方案，您认为通过哪些方式和平台会比较好？ 您认为目前我公司解决方案最让您满意和最不让您省心的一点分别是什么？
趋势建议	2022年贵公司有哪些新设想和新举措？我公司需要在哪些方面加强？ 贵公司对未来5年的产品方向布局有没有大体的规划或趋势？期待我公司如何响应这种趋势？

非常感谢您利用宝贵时间完成访谈，如果还有事情需要沟通和确认，我们会和您电话联系，希望得到您的配合。谢谢。

根据现场访谈情况，我们的访谈内容不局限于上述问题。

深度访谈的形式和内容并不复杂，其难点是对操作人员的专业能力、行业经验、市场感觉及沟通技能要求比较高。就像人们常说"话不投机半句多"——就算接受访谈的对象非常有诚意与操作人员沟通，如果操作人员的上述能力有欠缺，也会发生"一个想说，但一个却总也问不到点子上"的尴尬场面。

考虑到目前国内工业（B2B）企业市场人普遍存在的能力短板，深度访谈在具体操作中可充分借助第三方力量来进行：一种选择是邀请公司高层领导，甚至老板亲自参与，来确保访谈的层次和高度；另一种选择是借助第三方公司的专业咨询顾问来进行，保证访谈的专业性，同时还能以客观中立的身份给受访者创造更宽松的表达空间，获得更加清晰的需求表述和更具开放性的合作建议。

一般来讲，选派合适的操作人员，通过上述 3 种客户满意度调查的实用方法，大部分工业（B2B）企业都能够比较准确地把握客户需求，为下一阶段市场运营及经营管理工作的持续改善奠定良好的基础，但在实际操作中，有两个重要建议，需要引起工业（B2B）企业足够的重视。

调研必须给客户反馈：随着"以客户为中心"的市场运营观念在工业（B2B）企业逐渐被认知和接受，越来越多的工业（B2B）企业已经能够认真通过日常客户反馈收集和客户满意度调查等方法来倾听客户的声音，但美中不足的是尚没有形成良好的反馈机制——没能及时给予参与调研的客户认真回复，这就导致没能通过调研沟通活动持续积累信任，从而让调研活动越来越形式化，最后纯粹变成例行公事；如果调研活动由工业（B2B）企业市场部主导，那么不能及时给与客户及相关销售员以诚恳认真的回复，也会让销售人员对这项工作彻底失去信心，轻则认为是"搞花活，走过场"，重则因为不确定调研活动可能给自己销售工作带来的影响，而消极应对甚至抵制。

调研反馈可根据工业（B2B）企业市场运营团队整合公司内外部资源的能力量力而行，如果能够直接针对客户反馈的问题给予回应和答复，提出有针对性的改进措施和设想，并通过销售转达，将有助于推动客户关系的发展，自然是上上之选，皆大欢喜；如果没有把握能切实响应客户所提出的问题、建议和期待，也要在第一时间奉上感谢信，对客户的反馈予以真诚的感谢，并积极主动地将客户的关切纳入后续工作立项中，逐项予以落实和改进。

【参考模板】

感谢信

尊敬的_____:

您好!

非常感谢您能在百忙之中接受我们的访问和调研,并在访谈中开诚布公地分享了您对我公司产品和服务的意见和建议,您的宝贵意见将为我们工作改善提供至关重要的依据和基础,并将对我公司的成长和发展起到巨大的推动作用。

回来后,我们已经就您指出的问题和不足与相关部门和同事做了进一步的沟通和探讨,并初步形成了如表9-9的改进设想和措施,请您审阅。如有任何不妥或不足之处,还请您不吝指教。

表9-9　重点客户深度访谈后改善措施报告

问题类别	问题内容	针对性改进措施和设想
业务瓶颈		
不足之处		
宝贵建议		

问题类别	问题内容	针对性改进措施和设想	
趋势应对			
业务负责人	（签字）	战略与市场中心 负责人	（签字）

再次对您的大力支持和坦诚相待表示衷心的感谢！

S公司战略与市场中心

××年××月××日

　　综上，综合问卷法操作简单但解读困难，关键指标法问题指向清晰但缺乏需求洞察力和前瞻性，深度访谈法能深度沟通把握客户需求，但耗费人力物力资源较多，一般只针对战略合作伙伴级别的客户才会使用。

　　工业（B2B）企业市场人员在具体操作中该如何组合使用这3种调研方法呢？一般可以根据客户类型来组合应用（见表9-10）。

表9-10　以客户为中心的市场调研方法组合

客户类型	调研方法	备注
战略合作客户	深度访谈法＋关键指标法	重点研究
成长型客户	关键指标法	指标监测
一般客户	综合问卷法	总体参考

　　工业（B2B）企业客户满意度调查的作用不仅是用来评价客户满意度，其更重要的价值在于通过客户满意度调查来洞察企业所提供产品和服务存

在的不足，把握客户需求不断升级的趋势和特征，探寻持续改进的措施和策略，并最终体现在公司经营战略和市场运营策略的持续优化和完善中，将"以客户为中心"的理念真正在实际工作中贯彻落实。

笔者在工业（B2B）企业战略市场运营咨询和培训工作中经常强调："只要客户的抱怨不止，工业（B2B）企业的市场就永远是蓝海！"工业（B2B）企业通过上述客户满意度调查的 3 种实用方法，精准把握客户当前需求及演变趋势，就能够在瞬息万变的市场竞争中，"千磨万击还坚劲，任尔东西南北风"，以不变应万变，先胜而后战！

老板（高层）互访：构建 3A 客户关系

品牌是客户所感知到的这个品牌所有价值的总和。

其中，关键客户的体验和感受又尤其重要，工业（B2B）企业强势品牌打造工作中，请老板（高层）出马来做品牌评估的过程，本身也是品牌建设的过程。

因为在客户眼里，公司老板（高层）的待人接物、价值观本身就是品牌至关重要的组成部分，甚至大多数客户都认同一句话：老板（高层）的认知就是公司发展的天花板。因此，面向未来，选择与什么样的供应商合作，以什么样一种方式和关系合作，老板（高层）的表现举足轻重。

A 公司高经理最近愁眉不展，唉声叹气……手中最大的占自己年度业绩贡献半壁江山的韩国客户，目前竟被公司"冷冻处理"了。原来公司迫于原材料成本压力，普遍上调了产品价格，其他大部分客户也理解当下供应商所承担的压力，基于长期的良好合作关系，给予了理解和支持。唯独这家客户，即使在生产部、质量部、技术部，甚至采购部多个部门反映更换供应商后加工成品率变差、产品品质得不到有效保障的情况下，客户依然习惯性要求压低采购价格，最终导致 A 公司高层很恼火，赌气将其"冷冻处理"——可高经理的业绩指标怎么完成？没有业绩就没有提成，今年难不成要喝西北风？

高经理心里那个急啊，如同热锅上的蚂蚁……

出现这种情况，或许原因有很多，但有一个非常重要的原因往往会被工业（B2B）企业高层所忽视，那就是：与客户高层建立信任关系和日常沟通机制，以避免误判和产生不必要的摩擦和冲突！在 B2B 营销实际工作中，千万要记得：销售工作绝不是销售团队自己的事情，面对客户，从老板到基层员工，每个人都是解决方案的组成部分。

B2B 营销的中高层关系构建有如下五大重要战略价值。

增进双方公司高层的了解和信任

对 B2B 营销来讲，实现签约成交，往往只是迈出了两家公司开始合作的第一步，这种简单的销售与采购单点对接的买卖关系往往比较脆弱。如图 9-1 所示的是蝴蝶型的客户关系结构。

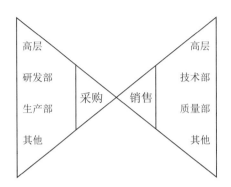

图 9-1 蝴蝶型的客户关系结构

这种单点对接方式，一有风吹草动，就会导致销售人员成为"救火队长"，两边协调，各种不讨好，销售自己做得累死不说，也会大大降低公司效能，疲于应付客户的各种不满意和投诉。

然而，如果能够随着合作时间的推移、合作关系的深化，在高层之间建立起了解和互信，甚至在相对应的部门之间建立日常沟通机制，建立如图 9-2 所示的菱形客户关系结构，这样的情况自然会大为改观。而且，服务客户的能力和水平也会大幅提升，客户维护的难度会大幅降低，客户黏性大幅提升，从而让工业（B2B）企业的营销和经营走上良性发展之路。

图 9-2　菱形的客户关系结构

确认双方公司的发展方向和原则

其实资深 B2B 营销人都知道：跟客户的沟通不是时时刻刻都在聊产品、具体业务这些话题，倒是有大部分时间在了解客户公司的情况，甚至如果客户关系到位的话，聊私人话题的时间倒是占了比较大篇幅。高层互动，比基层销售人员会少聊一些八卦，多聊一些对彼此公司发展前景、行业趋势、投资方向，乃至与情怀价值相关的话题。这种深度的沟通，会超越具体业务探讨；这种深度的客户关系，自然也就比较少受到具体业务问题的干扰，堪称 B2B 营销领域的"定海神针"。

规划双方公司合作范畴和合作方案

认同双方公司的发展理念和思路，落实到具体工作上，还是需要具体项目和措施去推动的，因此，笔者认为工业（B2B）企业高层互动可以为双方的合作规划好总体框架，明确合作范畴，甚至敲定合作方案，有了这样的好底子，B2B营销人的工作就能事半功倍了！

建立和明确双方公司日常工作沟通和协调机制

基于双方长期合作的战略构想来搭建日常工作沟通和协调机制，是不是就有居高临下，一览众山小的感觉了？其实广大B2B营销人都有切身体会：经常把坐而论道的"务虚"和硝烟炮火弥漫的"实战"给完全割裂开了——手边的事情一忙，就屁颠屁颠做救火队员去了，而且还自以为是，觉得自己给公司创造业绩，功劳特大；至于说好的沟通协调，往往是有时间了再说，事实上就是有问题了再说，被具体事情推着走了……所以，从高层互动建立和明确双方公司日常工作沟通和协调机制，会让B2B营销工作变得从容不迫。

加强彼此资源共享，逐步实现战略合作伙伴关系

笔者一直对民营企业家的创新精神和决断能力倍加推崇，喻之为"石头上长草"的能力，"无中生有"的能力——不是只有技术研发新产品才叫创新，企业家们善于整合资源，构建解决方案来帮助人们解决实际问题的创新才更让人叹为观止。工业（B2B）企业高层互动，从经济形势、行业趋势、公司发展战略高度去构建合作关系，分享彼此优势资源，以共赢思维来勾画新的合作蓝图，实现双方更深层次的合作，甚至你中有我、我中有你，才是B2B营销的最高境界！

老板（高层）与关键客户的互访，是工业（B2B）企业品牌评估的重要方法，让老板（高层）直接感受品牌打造工作成果的同时，也是品牌建设、客户关系升级及市场调研的过程，可谓一举多得。

销售：懂销售的市场部才有存在感

工业（B2B）企业市场人心里都有个"心结"——自己的部门缺乏存在感。

销售和其他部门不知道市场部在干什么，除了写各种报告、做PPT、参加展会、做样本册、跟着老板跑来跑去，也没见干什么"实事"，还总加班。

以笔者多年陪伴式顾问服务工业（B2B）企业的经验来看，工业（B2B）企业市场部要想干出成就，在公司内外有存在感，需要能"顶天立地"——顶天是指能读懂老板（高层）的战略意图，立地是指能实打实地支持销售业绩实现。

要做到这两点，就需要工业（B2B）企业市场负责人具备3项基本功：（1）懂客户（需求）；（2）懂产品（技术应用）；（3）懂资源（公司内外部资源）。

具备上述3项基本功和做到"顶天立地"确实不容易，但并不是不可能——在笔者服务的多家工业（B2B）企业战略与市场运营部都做得很成功。

其关键在于老板对市场部的认知和市场部负责人的能力结构是否适配。

很多工业（B2B）企业家对市场部的认知就是做些样册资料，发些产品信息，参加个展会，做做市场推广的执行工作，有空再给销售做做销售内勤工作，本身定位就是打杂的，日常做些支持性工作就可以了。基于这样的认知，招聘时候的要求也就相对低，既然如此，又怎么能期待成功的市场运营呢？

笔者在咨询和培训工作中发现，具备上述能力的工业（B2B）企业市场部负责人常常来自如下 3 个途径。

途径一：从销售职能转岗过来，对客户需求有较强的洞察能力，对市场资源有较好的驾驭能力；站位较高，对公司经营方向和老板战略意图有良好的领悟能力。

途径二：深得公司老板（高层）的信任，起点较高，对公司内部资源和外部市场资源有较好的调动能力，愿意深入一线，与销售并肩作战，能听得见炮火、闻得见硝烟。

途径三：老板（高层）愿意培养，在第三方品牌营销专家长期辅导过程中做项目内部牵头人，深度参与重点客户调研、高层深度访谈、供应商及合作伙伴访谈。在项目推进过程中，在第三方专家推动下，实现"顶天立地"和练就 3 项基本功。

要想让销售认可工业（B2B）企业品牌打造的成果和价值，以下 3 种角色要谨记。

一是参与者。在工业（B2B）企业有个常见的误区：销售业绩做不上来，就抱怨说是公司品牌在自己辖区市场认知度低，影响力弱，所以自己做得很辛苦还没业绩。这种观点是套用了 B2C 业务的说法，但在 B2B 型业务中不成立，因为对工业（B2B）企业的细分市场，销售就是最大的品牌接触点，说品牌拉力不够，那就自己整合资源打造，而不是"等靠要"——销售就是品牌打造的参与者，而不是旁观者。

二是受益者。当前很多工业（B2B）企业市场部为了体现自己"接地气"，就挖空心思在引流获客上，想凭借拿到更多销售线索来打个翻身仗。这依然是受 B2C 市场运营思路的影响，在 B2B 型业务中，对市场的站位要求更高——目标市场如何选择？目标客户是谁？客户画像及市场运营沙盘上有哪些资源？如何排兵布阵来实现年度销售目标和公司战略意图？这些工作都需要市场部来做，而不是照猫画虎找几条线索来讨好销售（其实大多数时候，优秀销售对市场部所提供的所谓线索是嗤之以鼻的）。

如果把销售看作内部客户的话，市场部就要真正理解客户痛点：（1）产品同质化，不好卖怎么办；（2）客户心，海底针，转化难怎么办；（3）客户多，维护难，复购和转介绍怎么提升；等等问题。

三是成长者。人们常说：不想当将军的士兵不是好士兵！

在工业（B2B）企业，不想独当一面做强势品牌的销售就不是好销售！在自己辖区市场成为受人尊敬的专家型销售，帮助更多客户降本增效、解决问题，赢得业绩和荣誉是每个销售应当孜孜以求的目标。

工业（B2B）企业打造强势品牌就是投入人力物力资源，帮助这些有"将军"潜质的好兵，成就其在辖区市场内的强势地位，帮助他们分析市场、做透市场、分析客户、维护好客户关系，加宽市场护城河，进而为公司打造一个个占优势地位的根据地市场，最终成就工业（B2B）企业公司在业界的强势品牌。

综上所述，工业（B2B）企业理解销售痛点，把打造强势品牌和销售业绩增长统一起来，把品牌评估变成销售业绩增长的分析和评价（可参照下节），从而一举破解销售品牌评价迷思。

市场运营团队：品牌"三度"实用评价体系

工业（B2B）企业市场部该如何来定期评估和复盘品牌打造工作的成果呢？

笔者结合多家企业的辅导经验，总结了"品牌 三度"评价体系：（1）品牌认知度；（2）品牌认可度；（3）品牌认同度。

这套评价体系从工业（B2B）企业强势品牌打造的实际出发，给出了切实可行的定量评价方法，并对后续持续优化和改善方向提供了方向指引（见表9-11）。

表9-11　成长型企业品牌"三度"定量评价方法

品牌三度	含义解读	量化评价公式		
品牌认知度	品牌认知度用来评价目标市场和客户群知道和了解我方品牌的程度	品牌认知度	=	$\dfrac{\text{行业媒体+展会+参会+拜访等}}{\text{目标受众大概总量}}$ %
品牌认可度	品牌认可度用来评价潜在目标客户认可我方品牌的程度	品牌认可度	=	$\dfrac{\text{进入试样流程+决定采用产品等}}{\text{月度新增客户线索数}}$ %
品牌认同度	品牌认同度用来评价客户持续复购和转介绍我方品牌的程度	品牌认同度	=	$\dfrac{\text{重复或推荐购买额度}}{\text{上月同期销售额}}$ %

品牌认知度用来刻画全网营销中的公关借势活动和媒介传播所带来的成果——到底我们的品牌活动和传播成效如何？在哪些方面还可以加强？有哪些方面是收效甚微的，我们需要减少投入？品牌认知度的量度是个相对值，从增量来看我们该做哪些优化和升级？

品牌认可度用来刻画销售转化的成效，是个绝对值。我们通过这个评价指标让市场工作和销售工作协同起来，两个团队都必须围绕共同的目标来做工作，对结果负责。

品牌认同度用来刻画客户关系维护和升级的成效，也用绝对值来衡量。我们通过这个评价指标让市场部真正以客户为中心来思考问题，避免"总是在炫耀锄头，而忘了种地才是我们共同的目标"。

通过上述品牌"三度"评价体系，工业（B2B）企业市场部可以评价强势品牌打造的阶段性成果，还可以根据上述评价公式查漏补缺，为下一阶段的强势品牌打造工作提出优化和改善措施。

工业（B2B）企业品牌运营现状评估简表

具体如表 9-12 所示。

表 9-12　工业（B2B）企业品牌运营现状评估简表

诊断方法：是—5 分；部分是—4 分；不确定—3 分；基本不符合—2 分；否—1 分；完全不懂—0 分。

序　号	诊断项目	自我评价
1	是否有明确的企业发展战略？	
2	是否有精准细分的目标受众群？	
3	是否了解目标客户的真实需求？	
4	是否专门做过目标客户画像？	
5	是否有清晰的品牌定位？	
6	客户是否认可上述品牌定位？	
7	产品力是否能有效支持品牌定位？	
8	是否用过 5 种以上品牌传播工具？	
9	是否用过 5 种以上品牌信任工具？	
10	是否有特意梳理过企业识别 CI 系统？	

续　表

序　号	诊断项目	自我评价
11	是否已经形成营销一体化作战及优化机制？	
12	是否已经布局PC端互联网传播并建立更新机制？	
13	是否已经有自己的微信营销机制并正常运转？	
14	是否已经布局移动端网络传播并建立更新机制？	
15	是否与业界主流协会、商会有过合作或曾参与活动？	
16	是否与业界主流媒体有过合作或曾参与活动？	
17	是否参加过主流行业展会或专业研讨会？	
18	品牌塑造和市场推广是否已经帮助实现业绩可持续增长？	
19	是否有专门的市场推广团队，并有明确的职能分工和评价机制？	
20	是否有参加过专业的品牌塑造与市场推广相关培训？	
合计		

什么是数字化转型？

数字化时代的来临，既迅猛，又彻底。迅猛到不容分说就铺天盖地地席卷了人们的生活、娱乐、学习、工作等场景；彻底到忽如一夜春风来，千树万树梨花开——无处不在，无时不在，让人有点猝不及防，还有点惶恐无奈。但显然，这头"灰犀牛"已经长驱直入地闯进我们的生活，并打算彻底与我们共生共荣了——"得到"CEO罗振宇说：数字化时代，只有两种人，要么产生数据，喂养数字化这头大怪兽，要么驾驭它，赋予它使命愿景价值观。

为了更清晰地理解我们正在以及将要面对的数字化时代，我们不妨追本溯源，从到底"什么是数字化转型"说起。

数字化转型的前世今生

迄今为止，数字化发展走过这样 3 个重要的阶段：（1）数字转换（digitization）；（2）数字化（digitalization）；（3）数字化转型（digital transformation），如图 9-3 所示。

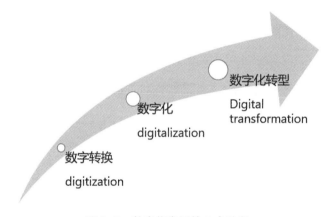

图 9-3 数字化发展的 3 个阶段

数字转换：数字转换主要是指利用数字技术将信息由模拟格式转化为数字格式的过程。数字转换实现了计算机部分替代人工，且能实现数据的存储和计算，提高了任务处理效率、准确度，并让数据交换更加便捷。

数字化：数字化是指将数字技术应用到业务流程中并帮助企业实现管理优化的过程，主要聚焦于数字技术对业务流程的集成优化和提升。这个阶段比较明显的特征是 ERP 等企业管理软件的大量应用——以 ERP 为代表的企业管理软件，在企业内生产要素和生产活动已经实现数字转换的基础上，支撑财务、销售、采购、研发、制造、供应链等一系列业务流程贯通，实现业务流程间的数据流动和业务集成。

数字化转型：数字化转型最早在 2012 年由 IBM 提出，强调应用数字技术重塑客户价值主张和增强客户交互与协作。我国"十四五"规划纲要中提出"以数字化转型整体驱动生产方式、生活方式和治理方式变革"，从而让数字化转型从企业层面上升到国家战略。

综上所述：数字转换阶段是从技术上实现了信息从模拟格式到数字格式的转变；数字化阶段主要是以 ERP 等企业管理软件的大量应用为抓手，基本实现了企业内部业务流程的数字化，帮助企业实现了大幅度降本增效的目的；数字化转型阶段的重点将聚焦和重构企业与客户及外部价值链生态的价值沟通、交互与协作。

数字化转型的未来

2021 年 5 月 27 日，国家统计局发布了《数字经济及其核心产业统计分类（2021）》文件，将数字经济界定为"以数据资源作为关键生产要素、以现代信息网络作为重要载体、以信息通信技术的有效使用作为效率提升和经济结构优化的重要推动力的一系列经济活动"。这是对数字经济的最新权威定义。

"数据资源"作为关键生产要素，与劳动、资本、土地、知识、技术、管理等并列将预示着我国将加快从工业经济向数字经济转型，数字经济将是数字化转型的未来。一个全新的时代，正在向我们迎面走来。

"数字产业化"和"产业数字化"是我们走向数字经济时代的两条高速路。掌握数据资源的企业推动生产要素产业化，服务生产企业的降本增效和人民大众的美好生活；传统企业以数字化转型为契机，积极拥抱数字化新技术、新趋势，以客户为中心，实现企业做强、做大、基业长青的目的。

笔者认为，以客户为中心是工业企业应对高度不确定经营环境的定海神针。

亚马逊 CEO 贝佐斯说："我经常被问到一个问题：'未来 10 年，会有什么样的变化？'但我很少被问到：'未来 10 年，什么是不变的？'我认为第二个问题比第一个问题更重要，因为你需要将你的战略建立在不变的事物上。"

以客户为中心的数字化转型正是工业企业在未来 10 年不变的那个战略基点。

工业（B2B）企业营销为什么要做数字化转型？

数字时代迎面而来，人们的生活、娱乐、工作场景都在飞速向数字化方向迁移，工业（B2B）企业经营的内外部环境也因此发生着划时代的重大变革。只是这种演化"润物细无声"，人们甚至不易觉察！

工业（B2B）企业经营的外部环境发生了重大变化

中国经济由高速增长转向高质量发展阶段，工业（B2B）企业的生存逻辑发生了根本性的转变：以往，更注重生产，只要工厂设备在转动，有能力承接订单，就有钱赚。但随着供应商增加，市场竞争日趋激烈，只靠按图加工就能赚加工费（即便是利润薄如刀锋）的日子一去不复返了，服务型制造或生产性服务业是大势所趋。以往，更注重产品本身的 QCDS：

质量（quality）、成本（cost）、交期（delivery）、服务（services）。只要有良好的质量控制体系，具备一定的精细化管理能力，响应客户对质量、成本、交期的要求，日子就能过得比较滋润。即便是当下，受疫情和国际关系等因素影响，全球供应链阶段性波动也较大，这类工业（B2B）企业才恢复了一定的话语主导权。但面向未来，工业（B2B）企业终将"以客户为中心"重构客户关系：从交易关系转向伙伴关系。在此背景下，如何以更小的投入更高效地与目标客户及目标受众群进行价值沟通，更加敏捷地响应客户对 QCDS 的动态需求（类似从打固定靶到打移动靶的变化），将成为未来一段时间工业（B2B）企业营销工作推进的重点，而数字化将为工业（B2B）企业营销赋能。

工业（B2B）企业经营的内部环境发生了质的改变

2020 年的疫情大大加速了工业（B2B）企业内部运营系统的数字化进程，从线上远程办公、在线会议、线上研讨会、在线培训到线上展会、线上论坛、云端课堂、云私董会等，人们明显感觉到日常工作沟通变"轻"了，变得碎片化了，变得"无处不在"了——无论你喜欢与否，企业内部运营系统的数字化都已经来到了我们身边，而且正在彻底、永久、不可逆地改变着企业的产品形式、业务形态，甚至商业模式。

对工业（B2B）企业营销体系的冲击尤其明显——当因为疫情无法出门面对面拜访客户时，人们不禁开始认真思考：营销的本质到底是什么？面对面拜访是目的还是手段？我们该如何以更小的投入，获得更大的产出？除了销售拜访、参加展会、组织技术交流会等，我们还可以有哪些方式与目标客群进行有效沟通？当越来越多这样的问题浮现在人们脑海中的时候，传统工业（B2B）企业营销体系就该重构了，数字化将为工业（B2B）企业营销体系构建插上腾飞的翅膀！

工业（B2B）企业客户需求升级的"蝶变效应"正在显现

时至今日，仍有为数众多的工业（B2B）企业家和营销人（包括市场营销和销售）沉迷于"关系论"和"搞定论"，尤其是一些老业务员出身、50多岁的工业（B2B）企业家，其心智模式停留在自己以往靠关系套利成功的"光荣与梦想"里，久久不能自拔；甚至还有一些受教育程度颇高、在"酱缸文化"里成长起来的80后、90后，自以为看透了这社会的真相，将"厚黑学"奉为圭臬。这样一些关闭了心门的人，将无法看到工业（B2B）企业客户关系正在发生的"蝶变"。

工业（B2B）企业客户需求升级是头"灰犀牛"——每个人都看得到它在向我们狂奔而来，但如何应变，并不是每家工业（B2B）企业都已经做好了准备。在工业（B2B）企业营销体系里，我们把传统对客户需求理解的QCDS进行了升级，如图9-4所示。

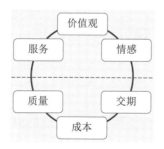

图9-4　工业（B2B）企业客户需求升级演化示意

工业（B2B）企业品牌营销体系是应工业（B2B）企业客户需求的"蝶变"而生的新一代工业（B2B）企业营销方法论，将为我们剖析解读在数字化时代工业（B2B）企业数字化营销的底层逻辑。

工业（B2B）企业解决方案构建逻辑必须做出改变

人们常常习惯性地讲"工业品营销"，这是相对于"快消品营销"而言的，但事实上，因为 B 端客户需求和 C 端客户需求存在着重大差异，其采购行为和决策机制也大相径庭。所以，生搬硬套 2C 的营销方法，甚至营销模式会给工业（B2B）企业的营销工作造成很多困扰和增加不必要的成本。为此，工业（B2B）企业营销体系不再使用"工业品营销"的提法。

成长型工业（B2B）企业与客户之间的关系是基于长期合作的伙伴关系——一般工业（B2B）企业的客户数量也就几百个，甚至只有几十个，关键客户的数量更是有限。厂商与客户互相熟识，往往合作交往的时间都以年计；而 2C 业务，厂商所面对的客户是匿名大众，是相对简单的交易关系，最多是大 IP 和粉丝的关系，简单粗暴来讲：交易完成，关系结束。

关系不同，提供的解决方案自然大不同——对工业（B2B）企业来讲，提供给客户的"产品"应该是基于客户痛点问题的一套服务方案，而这套"无形的"服务方案搭载在有形的产品之上，因此，工业（B2B）企业所提供给客户的解决方案，最具含金量的其实是解决问题的专家能力，而不是产品本身。

说到这里，不由得想到美国福特公司请斯坦门茨解决问题的故事：美国福特公司在 20 世纪初高速发展时期，曾发生过一件非常传奇的事情：在订单纷至沓来的时候，突然其中的一台机器出现故障无法生产，厂里所有的维修工人来都看不出是什么毛病，这让订单不断取消，造成的经济损失越来越大，公司高管急得像热锅上的蚂蚁。于是他们去请了著名的物理学家、电机专家斯坦门茨。斯坦门茨来了之后，先不着急拿工具，而是全方位地看了一遍，之后静静地全神贯注地去听机器轰鸣声，一听就是 3 天。最后他在电机的一个部位用粉笔画了一条线，叫工人把那里的线圈拆掉 16 圈。工人按照他的意思做了，故障立刻排除。事后斯坦门茨要求 1 万美元的酬金，人们不解为何一条线就要价这么贵，斯坦门茨的解释是：画一条线，1 美元；知道在哪儿画线，9999 美元。

数字化时代，工业（B2B）企业只有真正理解了自身的价值所在，理解了自己吃饭的本钱是什么，才做得好营销。数字化赋能工业（B2B）企业营销，不仅能让工业（B2B）企业更加清晰地洞察客户需求，而且能促使工业（B2B）企业真正以客户为中心，为客户提供"让客户尖叫"的专业解决方案。

工业（B2B）企业营销拥抱数字化转型势在必行

数字化不仅是技术工具的应用，而且预示着一个全新时代的到来——它赋予我们这一代人一种能够聚合古今中外不同时空人类经验与智慧为我们所用的能力，不仅能帮助我们科学决策，还能帮助我们高效执行，让我们的未来充满想象空间。

工业（B2B）企业营销的数字化转型，将会帮助工业（B2B）企业把与目标客户及目标受众群体的价值沟通能力推向更高的水平——更主动、更高效、更低成本；多触点、全场景、更加智能。

工业（B2B）企业营销数字化转型的三大目标

这一节我们来重点探讨工业（B2B）企业营销数字化转型的三大目标。

营销效率的提升

销售业绩可持续增长是营销工作成果的最终体现。

销售成果的取得可以用如下公式来表达：销售业绩＝线索量 × 转化率 × 续单复购率

由此，如何以更优投入产出营销组合通过全域品牌接触点与目标市场进行高效价值沟通，扩大线索量、提高转化率和续单复购率就成为取得最佳销售成果的根本路径。

（1）扩大线索量：时至今日，依然有不少工业（B2B）企业的获客方式非常传统和原始——要么是坐商等客户上门，要么老板是公司最大的业务员。销售经理的主要工作其实是客户服务，当然，这类情况主要在大客户型销售和项目型销售中比较常见。长尾型客户、渠道商型及平台型客户对引流获客更加精通，借助数字化营销能够大幅提升获客效率。

（2）提高转化率：B2B 型营销成功的关键点是互信的建立，在大客户型销售和项目型销售过程中，这点显得尤为重要，传统的客户拜访、工厂参观、参观样板项目、技术交流会等促销方式在可见的未来依然重要。数字化营销方法的善加利用将对长尾型客户、渠道商型及平台型客户的有效转化起到良好的辅助作用。

（3）提高续单复购率：良好的客户体验是客户续单复购的基础，工业（B2B）企业营销数字化转型能增强与客户的互动和协作，从而带来客户体验的提升，提高续单复购率。此外，对长尾型客户、渠道商型及平台型客户客户来说，数字化营销工具和方法的应用，也能以更低的成本实现客户的社群化维护，并促进客户续单和复购。

综上所述，工业（B2B）企业营销数字化转型是提升营销效率的有效途径。数字化营销其实是工业（B2B）企业营销数字化转型的一个应用场景——是使用数字传播渠道来推广产品和服务的实践活动，从而以一种更加及时、相关、定制化和节省成本的方式与客户进行价值沟通。目前数字化营销应用比较成功的是扩大线索量的环节。

因此，工业（B2B）企业营销数字化转型的第一个目标是营销效率的提升。

客户体验的优化

2012 年，IBM 提出：数字化转型是用数字技术重塑客户价值主张和增强客户交互与协作，由此，工业（B2B）企业营销数字化转型的实质是借助数字技术 ABCDT，即人工智能（AI）、区块链（block chain）、云计算（cloud）、大数据（big data）、物联网（IoT），更好地洞察客户需求，构建更加个性化的解决方案，以及更高效地实现与客户的价值沟通和交互协作。

品牌是客户感知价值的总和。因此，工业（B2B）企业营销数字化转型最重要的目的就是借助 ABCDT 等数字技术，能在覆盖全部品牌接触点的多场景下提供更好的客户体验，让客户感知价值最大化。

首先，在营销前端，能更专业，更懂客户场景，并能够多快好省地为客户定制解决方案，帮助客户实现降本增效的目的，让客户更省心、更省力；其次，在供应链端，能更敏捷、更柔性地响应客户需求，持续关注客户使用场景，并提供专家指导意见，与客户相伴成长。

营销模式的创新

工业（B2B）企业营销数字化转型必将伴随着营销模式的创新。

传统工业企业的销售非常强调单兵作战技能，往往是 20% 的"特种兵"完成了 80% 的公司业绩，但一旦"特种兵"们上了年纪，或进入职业"倦怠期"，公司的业绩就岌岌可危；甚至也有些工业（B2B）企业家非常头疼"诸侯割据"问题，时时刻刻都惦记"削藩"，但又怕引起业绩动荡，反复折腾让公司发展前景蒙上了阴霾……

本来寄予厚望的市场团队却往往上不能"顶天"——理解公司战略意图，下不能"立地"——支持销售贡献业绩，常常"为了炫耀锄头，而忘了种地打粮食"。

如何真正打造"铁血军团"，实现团队化作战？如何让营销协同，实现海陆空立体作战？数字化转型将为工业（B2B）企业营销的战略性突破提供历史性机遇。

"营销数字化"将通过数字技术的应用，让营销工作，尤其是客户关系管理、销售流程管控等方面的流程更加清晰，过程更加透明，为工业企业销售工作突破"单打独斗"局面，实现销售团队化奠定基础。

"数字化营销"将通过数字技术的应用，让市场团队在销售支持工作中有更多工具和抓手，在获客引流工作中更有建树，并进而通过数据赋能，在理解高层战略意图上有长足进步。最后，工作成果更容易被量化也是数字化营销给市场团队带来的红利。

本 章 小 结

品牌评估是工业（B2B）企业打造强势品牌非常重要的环节，其难点不在于行，而在于知——对品牌理解的重大偏差，造成了各个层面对强势品牌打造结果的不同评价，且"鸡同鸭讲"，很难达成共识。

为此，本章主要从客户、老板（高层）、销售、市场运营团队4个层面做了品牌评估思路和方法的总结、提炼。

工业（B2B）企业营销数字化转型也可能会给品牌评估工作带来全新的工具和方法，本章也对工业（B2B）企业营销数字化转型做了一些探讨。

值得注意的一点是：数字化能帮助和促使我们提高效率，优化客户体验，创新营销模式，但工业（B2B）企业面对的市场小，客户样本量少，在可见的将来，依然无法代替我们去洞察客户需求，为客户定制解决方案，以及实现更有温度的价值沟通。因此，工业（B2B）企业强势品牌打造，要在目标市场和客户心智中成为首选，甚至唯一选择，终究还是人心换人心的工作，正如我们前文所提到的：品牌是影子，企业是树，产品是根。

因此，即便在将来数字化营销较为成熟的时代，工业（B2B）企业打造强势品牌，人的认知和行为依然最关键。

下篇，我们一起来研究探讨工业（B2B）企业打造强势品牌的操盘手——市场部该如何来组建及运营。

运营篇

市场部与工业（B2B）企业品牌运营

工业（B2B）企业打造强势品牌，是企业生存与发展的战略选择，也是战术要求。

在经营战略层面，品牌定位是核心，品牌是指引工业（B2B）企业这艘船向前行驶的灯塔，帮助我们行稳致远；在战术执行层面，品牌打造是纲领，持续不断打造强势品牌的过程也是工业（B2B）企业实现业绩可持续增长的过程，它能帮我们对内凝聚共识，"照着一个城墙垛子口开火"，对外力出一孔，能够以同一个声音与目标市场和客户群实现高效价值沟通。

为了把上述两个层面的工作做得更加科学和专业，我们就需要一个能够"顶天立地"的部门来做好协调和组织工作。在工业（B2B）企业，这个部门通常就叫"市场部"。

本篇主要介绍工业（B2B）企业市场部的组建、日常运营管理的工具和方法。

第十章
工业（B2B）企业市场部组建

常言道："工欲善其事，必先利其器"，工业（B2B）企业打造强势品牌，离不开一个"顶天立地"的市场部。

如果不能真正理解老板（高层）的战略意图、对企业的发展背景不清楚，对目标市场及行业资源、价值链上下游的关系没有洞察能力，那这样的市场部就算组建了，也只是承担一些事务性的工作，没有什么实际含金量。

如果只是凭着老板（高层）的站台撑腰，手拿"尚方宝剑"吆五喝六，觉得自己是高层领导，而不肯低头弯腰到一线市场去闻硝烟、听炮火，无法对销售业绩的可持续增长做出贡献，这样的市场部即便是组建了，也只是纸上谈兵，增大公司内部系统摩擦，浪费公司宝贵资源而已。

为此，本章我们就一起来探讨工业（B2B）企业市场部该如何组建，及其主要职能。

工业（B2B）企业市场部的设计及其 5 个主要职能

越来越多工业（B2B）企业家认识到了设立市场部的重要性。

公司未来发展走向何方？品牌定位该如何做？没有市场部，老板就只能凭经验、靠拍脑袋做决策。品牌塑造、平台搭建、公关借力、品牌传播工作该怎么做？没有市场部，很多工业（B2B）企业只能看别人做什么就跟着做什么，有钱了就多试试水，钱不多就再放一放；没有市场调研，没有排兵布阵，没有市场地图，没有营销策略，也不讲营销战术和方法。没有市场部，就只能凭着老板的感觉和销售的悟性跑客户，能开单就大碗喝酒、大口吃肉，没订单，就勒紧裤腰带骂娘，抱怨市场环境不好，祈求政策照顾，梦想风口来了，借势飞上天。

如果有个强大的市场部，能够帮工业（B2B）企业建立和优化市场营销体系，不仅能促进当期销售业绩增长，还能通过科学合理的市场运营方法，不断提升公司品牌在目标市场和客户群心智中的认知度、认可度和认同度，从而帮助企业实现长期经营业绩可持续增长，岂不美哉？

事实证明，工业（B2B）企业家的这个小梦想是可以实现的！

笔者所服务的工业（B2B）企业大部分都已经设立了市场部，主要承担如下5个职能（见表10-1）。

表 10-1　工业（B2B）企业市场部常见的五大职能模块及主要工作内容

职能模块	工作内容
企划&创意	1. 负责公司市场调研、产品规划及品牌管理，提出品牌发展规划 2. 搜集市场信息，汇总竞争市场调研数据 3. 市场推广及培训资料策划、活动实施 4. 撰写典型产品应用案例，策划展示资料 5. 挖掘产品差异化优势，撰写广告宣传文案、软文 6. 负责公司和产品资质的完善和升级 7. 制订、执行新产品上市的市场策划方案

职能模块	工作内容
设计&制作	1. 负责公司及品牌的视觉形象设计，设计制定VI手册 2. 负责产品包装、出厂文件设计 3. 负责产品宣传推广应用的物料设计制作，如展台、展品、媒体广告等 4. 负责公司网站整体美工设计（或把关）及配合其他部门相关工作 5. 负责期刊、企业内刊的编辑制作 6. 负责公司礼品及展会礼品的制作 7. 负责部门供应商管理及物料制作费用记录
媒介&网络	1. 负责公司媒体合作项目的策划、联络和实施，提出年度媒体合作计划及预算方案 2. 根据市场营销战略要求，确定媒体和网络营销主导思想和主题方向，并完成媒体推广平台建设，不断提升平台推广力度，对内容整合和流程管理负责 3. 负责媒体及网络营销年度目标的制定与分解，制定健全高效的工作流程和工作制度并执行，组织团队达成各项目标（成本、进度、质量、数量） 4. 与外界合作媒体互动联系，组织重大采访报道，审定稿件，安排版面 5. 根据公司产品和技术推广需要，策划和协调撰写技术类媒体信息 6. 公司内部重要活动的拍照、摄像，媒体新闻的及时撰写及发布
公关&活动	1. 负责公司公关活动的策划、联络和实施，提出年度公关活动计划和预算方案 2. 与协会、用户、设计院、咨询公司等洽谈合作并策划活动（组织、实施、流程安排） 3. 策划、组织、参与重要的营销会议等活动（展览会、购销对接会、培训会、沙龙、年会等） 4. 根据项目需要，负责联络安排场地、交通、运输、制作等工作 5. 负责产品推广会议及商务会议的客户联系 6. 负责相关到访客户信息的收集 7. 负责访客接待和公司突发危机处理
渠道&客户	1. 负责公司业务数据管理及客情维护工作，提出年度客户关系维护和管理计划及预算方案 2. 整理、筛选、管理渠道商、用户、设计院等客户资料，并科学存档，建立数据库 3. 对用户购买心理、行为习惯进行研究，设计回访方案并予以追踪总结 4. 协调渠道与公司产品合作的相关事宜 5. 策划与渠道合作活动，并撰写方案 6. 渠道招商及业务管理系统的设计和管理 7. 负责市场推广资料管理

工业（B2B）企业市场部工作的 3 个基本点

工业（B2B）企业市场部开展工作有三难：（1）企业发展阶段尚处初级，不需要市场部，职能无法界定；（2）企业需要市场部来梳理营销体系结构，却没有合适的人来主持，不知从何入手；（3）市场部工作按部就班地"打杂活"，全然看不出作为战略战术部门的地位。

就此，笔者一一谈谈看法：

（1）工业（B2B）企业市场部的设置问题。工业（B2B）企业市场部的设置一定要根据企业的发展阶段来定，对尚处在初创阶段的企业来讲，求生存是第一要务，此时的市场工作相对比较基础，有一个助理或兼职完成即可。

（2）工业（B2B）企业市场部的团队组建。工业（B2B）企业市场部的负责人一定要有丰富的销售工作经验，工业（B2B）企业尤其要注意这点，为什么呢？这是因为：相对大型企业和消费品企业，工业（B2B）企业职能划分线条较粗，细分程度较弱，并且企业资源投入相对较少，这就要求其市场部能够一专多能、精打细算。所谓"一专多能"是要求市场部能承担企划、设计制作、媒体网络、活动公关、渠道销售支持和管控等多种职能，又时刻高屋建瓴，把市场营销系统看成一盘棋，这就客观上要求市场部负责人能够充分接"地气"——懂产品（应用技术）、懂市场（客户需求）、懂公司（内外部资源）。所谓"精打细算"是要求市场部能够将上述工作定量化，以更准确地评估市场投入和产出。

（3）对不同的工业（B2B）企业来讲，市场部的工作内容可能也大相径庭。关于设置阶段节点和团队组建方面的原因上文已经阐述，不再多说。这里重点就如何让工业（B2B）企业市场部摆脱"打杂部"现状，真正体现其战略战术规划职能，谈谈我的观点：要想"顶天"（理解高层战略意图），从"立地"（能够支持销售动作）做起。

第一，产品"立地"：工业（B2B）企业市场部要有能力承担"产品经理"的职能，从产品线规划、产品定价到产品推广系统设计及渠道培训，为销售队伍提供一条龙服务。

第二，公司"立地"：工业（B2B）企业市场部要有能力扮演好"协调人"的角色，从高层和中下层衔接，到与销售、采购、生产、技术各部门协调都要游刃有余，深谙公司力量格局。

第三，市场"立地"：工业（B2B）企业市场部要有能力从销售和渠道支持者的角色转变为管控者和领导者的角色；从公司整体运营的高度，市场营销系统规范运作的角度，合理配置资源，使企业投入产出比最优化。从而最终实现工业（B2B）企业市场营销体系的价值：年度业绩提升、中长期业绩稳定、可持续增长。

也许有朋友会说：说着容易，做着难！事实如此，我国制造业真正开始念叨转型也不过是近几年的事，凭借各种"路子"发展起来的企业一开始确实不需要系统作战，直到"狼来了"，直到"僧多粥少"了，市场竞争才真正凸显出正规作战和"野路子"的差别。可以想象，未来工业（B2B）企业的市场竞争将不再是靠技术"一招鲜"或者靠关系"一路通"就可以逍遥好几年了，而是需要凭借企业日积月累的技术研发和系统运营能力来一较高下。

冬天已经来了，春天还会远吗？

工业（B2B）企业市场部工作"三大纪律八项注意"

工业（B2B）企业市场部是个可塑性非常高的部门，其所担负的职能跟企业对部门的定义、市场部负责人的个人能力，以及团队成员的个人素质和能力息息相关。一个运转良好的工业（B2B）企业市场部，往往有着一群既能"抬头看天"又能"埋头拉车"的市场人，他们不仅"谋事""谋市"，还"谋势"！

因此，在工业（B2B）企业市场部这样一个靠见识和能力驱动的部门成长和发展，市场人的自我提升就显得尤为重要，具体工作中，要贯彻执行如下"三大纪律八项注意"。

三大纪律

"一切行动听指挥。"成熟的工业（B2B）企业市场部是战略型的，因此，把握行动方向成为首要问题。夸张点说：方向对了，即使具体执行有偏差，也可以调整和弥补；一旦方向错了，南辕北辙，那就真成了"成事不足，败事有余"。工业（B2B）企业市场部的方向，在大企业要把握好公司的战略方向，在中型企业要紧跟决策层对未来发展的主流判断，在小企业就要密切关注老板的主导思想。

"密切联系群众。"工业（B2B）企业市场部要想取得出色的成绩，必须对行业趋势、对市场形势、对企业资源和人员状况、对产品特点都有充分的了解，而要想做到这一点，除了密切联系群众，与各部门加强沟通和联系，没有第二种选择。

"团结一切可以团结的力量。"工业（B2B）企业市场部需要针对特定的受众，把定制化的信息，通过合适的平台传递到他们心里去。而市场人要想真正掌握打动目标受众内心的关键词，非深入一线，与终端用户（使用者、决策者、采购者）、与经销商、与行业协会等专家团体沟通和交流不可，因此，团结一切可以团结的力量，站在利益相关人的立场考虑问题，会使得你的策略和方案更有"杀伤力"。

八项注意

"心中有谱"，主动去做领导没有交代的事。工业（B2B）企业市场部的工作千头万绪，在人手有限的情况下，领导根本不可能天天盯着具体事项，因此，市场人一定要有主动承担工作的意识，没有"等"出来的高手，只有"干"出来的精英。

"有大局观"，主动向领导适当地汇报工作。因为工业（B2B）企业市场部的工作不仅要"做事""做市"，还要"做势"，所以领导往往需要抽出精力来更多地考虑市场和未来市场的优化方法，具体的事项可能常常会被忽略。此时，如果是你在负责，一定记得定期将成果汇报给他，因为这个工作是整个棋局中的一部分，理应让他掌握局势。

"有思考力"，善于发现问题并提出解决方案。客观地讲，没有哪个工业（B2B）企业市场部能够做到完美无缺。国家政策在变，行业市场形势在变，企业资源状况也在变，变化意味着机遇和挑战。勤于思考，发现问题和解决问题正是市场人发展的必由之路。

"有执行力"，对自己的专业精益求精。与其他行业相比，工业（B2B）企业市场部对市场人的素质要求更高，一般都需要有比较强的工科背景，需要有良好的市场意识，同时具备多项、精通 1~2 项工业（B2B）企业市场部工作所必备的专业技能，例如：有专业的平面设计能力、网络推广能力、文字撰写能力等等。一方面，要以一个市场人的眼光，从战略上把握全局；另一方面，又要以专业人士的技能，处理具体事项。

"有亲和力"，善于协调和各部门间关系。有人说：在唐僧的取经团队里，八戒是最有亲和力的，无论是天上的各路神仙、凡间的诸色人等，八戒都能融入，这个说法也不无道理。工业（B2B）企业市场部的具体工作几乎涉及公司从上到下各个部门，因此，"猪八戒级"的亲和力必不可少。

"有忍耐力"，善于管理好自己的情绪。身在工业（B2B）企业市场部，大到确定公司战略，小到购买小礼品的业务可能都需要亲身参与，终于有一天你真的挺不住，情绪崩溃了——或许偶尔一次，大家奇怪一下就过去了，但如果再三再四……

"有反省力"，能随时发现和完善工作中的问题。工作毕竟不是过家家游戏，也不是中学生做作业需要老师随时指正错误。作为一名优秀的工业（B2B）企业市场人，具备反省力至关重要：在失败中汲取教训，在成功中总结经验，在任何时候都是自我成长的最佳方式。

"有创造力"，能根据市场需要提出新创意、新方案。"创造力"绝对是一名市场人由优秀到卓越的终极武器。在你高效处理完了一系列常规性的日常工作后，调动全部激情与想象，发动全部创造力去做出新方案，实现新创意，或许是一个工业（B2B）企业市场人最值得开心和最有成就感的事情了。

提升工业（B2B）企业市场部战斗力的五大法宝

工业（B2B）企业品牌运营工作通常由市场部来牵头和负责。

从"做事""做市"到"做势"，工业（B2B）企业市场部每一阶段的蜕变都必须经过一次凤凰涅槃——站在更高的层面，从否定自身开始，引导从上到下各级各部门对市场部形成全新的认识，并根据新阶段的需要对职能进行全新定义，对组织结构进行全新架设，对管理流程进行全面升级和完善……

每一次化茧成蝶之后，工业（B2B）企业市场部的战斗力都会有质的提升。

"阵痛"主要来自管理思想和经营意识的革新，具体到操作层面，可以从如下 5 个角度着手改变。

组织结构调整

工业（B2B）企业快速成长期，大多数企业市场部仅承担了"设计部"和"媒介部"的部分职能，基本上是工具性的，主要着眼于"做事"；随着企业不断发展，需要市场部不仅要"做事"，还要能承担"做市"的功能时，市场部的成员无论从数量还是素质上都需要有较大的提升，此时，将基本上涉及工业（B2B）企业市场部的五大职能。

随着工业（B2B）企业不断发展壮大，市场部的组织结构也应该不断调整升级。

完善管理制度和流程

当工业（B2B）企业市场部能够承担前述五大职能时，市场部相关的管理制度和流程就应该逐步成形了。

至少前期运作较成熟的项目，例如：CI 系统颁布与实施、供应商管理制度、市场物料发放办法、展会管理制度、网络推广管理办法等工作流程已经能顺畅执行。

随着企业发展的深入，以市场部工作手册为"基本法"，以绩效考核制度为主线的工业（B2B）企业市场部管理系统应逐步建立和完善。

值得特别强调的是，制度和流程是工业（B2B）企业市场部得以从"做事""做市"到"做势"层次推进的根本保障，没有坚实的基础做后盾，市场部的"做市"和"做势"就成了花拳绣腿和纸上谈兵。

增加业绩和成果输出

工业（B2B）企业市场部的每一次转型升级都必须取得决策层的支持和首肯，取得其他部门的理解和支持，否则，只会沦落到"出师未捷身先死"的悲惨结局。而获得上述资源的根本是市场部向公司和有关部门输出了有价值的业绩和成果，而变革，可带来更多的业绩和成果。

因此，工业（B2B）企业市场部一定要稳扎稳打，切忌一味求快求全，恨不能用一两年的时间就将企业推到行业的巅峰。"冰冻三尺，非一日之寒"，要根据企业发展的现状和拥有资源情况，踏踏实实从做事开始，向企业输出合理、超出其预期的价值，逐步累积信任和共识，为其后带领部门往更高阶段发展奠定坚实的基础。

部门团队建设

当前，为数众多的工业（B2B）企业对市场部的定位比较模糊，加之从业者背景相对多样化，更增添了工业（B2B）企业市场部的沟通难度。在这种现状下，部门内部正式和非正式的组织沟通就显得尤为重要。

首先要统一认识，使部门成员感受到自身工作的重要价值，并能够看到企业发展的希望；其次要系统规划，明确部门成员的工作职责和分工，充分肯定其工作成果并体现到其绩效考核和个人收益中；最后要开辟多样化的沟通渠道，例如部门例会、内部培训、团队聚会等，不断将部门的定位和理念通过各种方式向部门成员灌输和宣讲，使其积极认同并落实到行动中。

业务技能提升

工业（B2B）企业市场部是靠源源不断的创意和成就感来驱动的部门，部门成员只有时刻关注行业市场动态和关键企业发展动向，审慎权衡企业资源状况，并不断提高自身业务技能，才能不断提高战斗力，适应部门转型和发展。

可以通过公司外部培训、部门内部培训、团队成员自我提升（例如：每月推荐一本书并写读后感）等多种途径来实现工业（B2B）企业市场部成员的业务技能提升。

拯救工业（B2B）企业市场人

2012 年，彼时的笔者，也是身在外企职场的一枚工业企业市场人。

多年在销售一线，闻惯了硝烟，见惯了炮火，自然看不上端杯咖啡慢条斯理聊文案措辞的"文青"市场人，深信"一切不以业绩可持续增长为落点的市场行为都是耍流氓！"——这一点认知，也深深影响了笔者当前所从事的工业（B2B）企业品牌营销咨询和培训工作：咨询项目自不必说，每次企业内训课、公开课和演讲讲座都会根据目标受众的行业来源、公司特征和职位特点来定制，每分每秒都希望能帮助客户实现业绩可持续增长。但事实表明：让 B2B 工业市场人做到这一点并不容易。

首先，B2B 工业市场人开展工作有 3 个基本点：（1）懂产品；（2）懂市场；（3）懂公司资源。看上去平平无奇的 3 个门槛，却拦住了许许多多市场人。

在某次公开课上，有位来自南京的学员很认真地说："杜老师，我们是一家德资企业，主要负责阀门产品在中国大陆地区的销售，您说到懂产品，我是女生，不瞒您说，对这类铁家伙真心喜欢不起来啊！"她说的话，让大家都笑了。

但我心里有点沉甸甸——一个好的市场营销部门是必须能够时刻触摸客户需求的，不管是在 B2B 还是 B2C 市场。在 C 端，越来越多的人会采用大数据来做客户需求分析。尽管面对客户数量众多，需求分析反倒简单，起码能不那么依赖市场人的个人经验。反倒是工业（B2B）企业市场部，对个人经验的依赖更倚重，此时，若不懂客户需求，不了解产品或解决方案，如何完成价值沟通，赢得客户信任呢？

这样的市场部，连基本的销售动作可能都理解不了，如何指望它的成员能支持和配合销售团队去打仗呢？更遑论能有战略高度，做好品牌定位，洞察客户需求，优化解决方案，以及具备价值沟通能力。

其次，根据"杨三角"模型（见图 10-1），我们知道：要让组织高效地完成任务，要解决"想不想""会不会""能不能"3 个层次的问题，对工业（B2B）企业市场部来讲，我们前面探讨的 3 个基本点可以认为是第一个层面：认知和思维层面；第二个层面是要解决方法论问题，拙作《工业（B2B）企业市场部实战全指导》总结了工业（B2B）企业市场部常见的实战方法和套路；这里来重点探讨下第三个层面"能不能"的问题。

图 10-1 "杨三角"理论框架

就一般工业（B2B）企业市场部的情况来看，通过自身表现被领导发现，然后"指点江山"的市场人凤毛麟角。据笔者观察：目前比较成功的工业（B2B）企业市场部往往沿着如下 3 条路径发展。

资深销售转型：作为多年奋战在市场一线的资深销售，深谙客户基本需求，行业经验深厚，熟稔产品应用，本身就是客户的专家顾问，转入

B2B 市场，凭借公司资源的加持、高层领导的信任和自身良好的与各方价值沟通的能力，自然是如鱼得水。

外部顾问促成：与战略、品牌、营销相关的咨询项目中，B2B 市场部负责人如果自身素质过硬，往往会是较为理想的项目协调人，他可以配合第三方顾问团队来进行项目实施与落地。项目实施的过程，也是 B2B 市场部被激活和赋能的过程，部门价值被重新认知和评估。

跳槽重新启动：近年来，国内实体经济承压大，B2B 企业面临转型升级难题，具有战略思考能力的职业经理人非常稀缺，而久经历练，能够"顶天立地"的 B2B 市场人更是一将难求。如果确实在原公司郁郁不得志，那不妨重启一次。

本 章 小 结

能有一个"听党指挥、能打胜仗、作风优良"的市场部是工业（B2B）企业打造强势品牌的重要基石。

再好的想法和思路，没有能真抓实干、落地实施的团队，都会沦为空想。本章我们主要就工业（B2B）企业如何组建市场部及其五大主要职能做了梳理，并对一个优秀市场部工作的基本原则和方法做了阐述。

读者在阅读本章的时候，可以对照贵公司市场部实际情况进行查漏补缺。

下一章，我们将一起来探讨工业（B2B）企业市场部支持销售工作的常规方法。

第十一章
销售支持和管控工作

销售是工业（B2B）企业市场部的"内部客户"。只有理解和把握了销售工作的痛点和难处，它才有可能给销售提供更好的支持和帮助。

因此，本章我们就从工业（B2B）企业销售人员工作中的 10 个最常见的瓶颈问题着手，来介绍一下市场部如何做好销售支持工作。

工业（B2B）企业销售人员工作十大瓶颈

一旦公司业绩不好，工业（B2B）企业内外下意识就把矛头指向销售人员，说实话，让销售人员完全背这个"锅"还是有点冤枉的。且不说工业（B2B）企业外部经营环境当前面临着诸多压力和不确定性因素，单是企业内部，也有产品交期无法保证、新产品开发周期过长、限电停产限产风险等多种制约因素。

但无论如何，作为工业（B2B）企业业绩实现的排头兵，销售人员还是有必要认真自省，从自己工作出发，来找到制约我们工业（B2B）企业销售业绩可持续增长的瓶颈，并采取措施降低甚至完全消除其对销售工作的影响。

一般来讲，工业（B2B）企业销售人员常见的工作瓶颈有如下 10 个：

（1）认为自己是"卖东西"的。以铸造行业为例，或许是历史传承下来铸件"论斤"卖的交易方式给工业（B2B）企业的销售人员造成的误解吧，为数众多的工业（B2B）企业业务人员根深蒂固地认为自己就是卖铸件的，怎么跟他说"从卖产品到提供解决方案"，他都转不过这个弯儿！转不过弯的后果就是依然停留在"以产品为中心"的桎梏里，走不出"红海市场""同质化竞争""价格战"的死区，把自己困在客户要低价和公司出不起的死胡同里怨天尤人！

（2）拼蛮劲，不讲方法和利用公司资源。工业（B2B）企业的销售人员大多都是从生产和技术一线选拔出来的，有非常典型的"工程师"情结，遇事总爱自己钻研、死磕。事实上，在销售工作中，除了要自己能够吃苦耐劳、百折不挠，还要善于整合内外部资源为我所用。一定要理解：销售也是专业工作，也是技术活，不是能说会道就能做好的；充分利用好公司的资源和平台，才能最快捷地实现自身价值，获得良好业绩。

（3）坐等客户上门，缺少主动性。在本轮转型升级以前，大多数工业（B2B）企业其实还是以生产为中心的，工业（B2B）企业的销售人员大部分精力用在内外部协调上，而不是新客户的开发，甚至老客户的维护升级上。这种思维惯性的力量导致销售人员常常坐等客户上门，缺少开发新客户及促使老客户优化升级的主动性。

这种情况下，一些资深的销售人员心态会比较保守，整个团队也鲜有开疆拓土的激情，开发新客户的动力严重不足。

（4）缺乏对客户行业情况的了解。尽管在比较规范的企业里，客户市场调研是市场部的工作内容，但在工业（B2B）企业里，这部分工作还必须由销售人员来自行完成——大部分工业（B2B）企业正在完成由"以生产为中心"向"以市场为导向"的转型，战略与市场部的建立也非一朝一夕之功。

例如：一家树脂砂铸铁件企业的销售人员，为了更好地把握用户需求，能准确理解机床行业用户在铸铁零部件采购和加工中所存在的问题和难点，就有必要对机床行业进行调研，尽可能了解用户的加工要求和工艺特点。

（5）谈不出与我方合作能带给客户的利益。经常有工业（B2B）企业的销售人员，与客户一开始接触，就在强调"我们的价格比你们现在的供应商有优势——他们8元，我们7.8元"，殊不知，价格固然是客户采购关注的因素之一，但绝不是唯一因素，甚至也不是排在第一位的因素。

比较规范的客户方采购会认为：排在第一位的是产品和服务品质——必须确保满足生产需求，不能掉链子；而且，供应商的业务团队如果能针对当下技术和加工难题，给出更优解决方案，并和技术研发部门与生产部门做良好沟通，那将是他非常乐意看到的。排在第二位的因素是付款方式——必须能够满足公司的财务风控要求。排在第三位的是价格——在满足前两个因素的前提下，如果价格有优势，或许能打动他，但他会非常谨慎，因为"一分钱一分货"，不能因为占这点小便宜而造成供应链的不安全。

（6）过度承诺，造成供应链团队无法配合。工业（B2B）企业的销售人员经常向客户做出承诺，想尽快赢得客户的信任，拿到想要的订单，这种急切的心情，能够理解，但一定要把握好度。一旦过度承诺，造成生产交期无法满足客户要求，导致客户投诉，甚至给客户供应链安全造成重大损失，那就得不偿失了。

（7）在实际操作中，工业（B2B）企业的销售人员一定要勇于承担责任，尽可能进行准确的订单预测和做出合理的发货计划安排，帮助生产部门做好产能平衡工作，进行科学的排产，确保公司整体效益最优。

过度依赖技术支持，不懂产品和工艺知识。也有部分工业（B2B）企业的销售人员对铸件产品和工艺知识比较陌生，必须依赖技术团队给予相应的支持，这种"铁三角"模式的团队销售在重要客户的销售和服务过程中必不可少。但是，销售人员必须注意：这种团队销售的模式，虽然优势互补，很好地满足了大客户全方位服务的需求，但并不意味着业务人员可以完全不懂技术——事实上，在工业（B2B）企业销售工作中，如果完全不懂铸造产品和工艺知识，就意味着无法深度发掘用户需求和痛点，无法与客户相关部门保持顺畅沟通，也无法真正理解解决方案所能带给客户的价值，最终销售人员也没有能力实现专家销售，又回到了"王婆卖瓜，自卖自夸"的原始"卖铸件"状态。

（8）对客户需求把握不准，无法为客户提供针对性解决方案。工业（B2B）企业销售人员对客户需求把握不准，可能由多种原因造成：或许是对客户所在行业的理解不够，或许是不懂客户所需的铸件加工的工艺，或许是对客户的客户——终端用户的使用情况一无所知。当然，也有可能是因为销售人员是新手，还不太懂得：工业（B2B）企业产品的销售是专家型销售，不是自顾自地夸自己的产品和公司有多优秀，而要认真倾听客户的反馈和需求，凭借我们自己和团队的专业能力为客户提供针对性解决方案，这才是工业（B2B）企业销售的最优路径。

（9）不愿意执行和填写公司流程和表单。许多工业（B2B）企业销售人员多年来都是依靠自身在一线市场中摸爬滚打积累经验，然后获得了今天的"江湖地位"，一提到执行和填写公司流程文件和表单，就满脸的不屑：一方面认为这些工作都是"虚的"，无端增加了自己的工作量，"有那功夫，还不如多打几个客户联系电话呢！"；另一方面认为这些工作是公司对自己的"监控"，是要给自己套上"紧箍咒"，打心里就不情愿。

还有一些业务人员，之所以怕各种流程文件和表单，只是因为"惰性"：已经习惯了自由散漫的工作方式，一会儿总结，一会儿计划，还得做PPT和当众讲话，心里发怵。

不管是哪种原因，随着工业（B2B）企业的战略转型，营销管理升级是大势所趋，工业（B2B）企业的销售人员必须逐步适应规范化、标准化的营销管理体系，没有规矩，不成方圆，只有训练有素的营销队伍，才有可能帮助工业（B2B）企业完成管理升级，实现"以客户为中心，以市场为导向"的战略转型，并最终实现业绩可持续增长和基业长青。

（10）不知如何维护和升级客户关系。将简单的购销买卖业务关系，升级到战略合作伙伴关系，是每一个工业（B2B）企业销售人员都梦寐以求的工作成果，那意味着可以"手中有粮，心中不慌"。确实，在很多工业（B2B）企业，如果销售人员手上能维护好2~3个A级"好客户"，一年的业绩指标是可以轻松完成的，甚至还能随着客户新品订单的不断增多而收获很多意外的惊喜。然而，如何实现客户关系的不断优化和升级，却是很多工业（B2B）企业销售人员感到困惑的瓶颈之一。

以上就是工业（B2B）企业销售人员工作中常见的 10 个瓶颈，发现问题，就等于解决了一半的问题。

工业（B2B）企业销售人员培训"六脉神剑"

对销售人员进行技能培训是增强工业（B2B）企业销售力量的重要方式，主要有如下 6 种常规培训方式。

导师讲授法

面授是目前最常见的培训方法。对工业（B2B）企业销售团队来讲，入职培训、产品知识培训及基本销售技能培训等往往通过这种方式来迅速完成。导师常常由人事部门、部门经理、业务高手等来担任，如果涉及公司内部人员不能胜任的专业技术知识或者特定模块的销售、管理内容培训，也可请外部专家来讲授。

另外，外派学习是工业（B2B）企业常见的员工培训方法之一，但就销售团队来讲，常被用于销售团队管理层工作技能的提升，鲜见于对普通业务人员的培训。究其原因，一方面是企业资源所限，另一方面是外部培训往往更注重系统性、方法性和普适性，普通业务人员如果没有能力将具体行业，甚至具体产品的销售经验提炼为具有通用性的销售方法，往往很难落地实施。

优点：系统性好，可按照总体规划层层推进，能迅速统一认识。

缺点：不够深入，偏理论化，销售人员往往有一定刻板印象或成见。

业务会议法

业务会议法往往针对性较强，组织得力的话，不仅能解决工业（B2B）企业市场营销工作中的问题，而且能加强销售团队内部沟通与协调，有效促进销售工作顺利开展。目前常见的业务会议法有座谈会、总结会、培训会、野外拓展、团队年会、聚餐等形式。

优点：针对性强，业务人员参与积极性高。

缺点：主题定位必须较精确，培训内容不用太久，但一定要系统化。

案例研究法

案例研究法是比较适合工业（B2B）企业销售业务团队内部学习提升的好方法。一般来讲，工业（B2B）企业销售团队以项目分组较多，在同一个团队内，主要项目情况大家都有了解，定期开展案例研究和学习讨论，能够迅速提升团队战斗力和增强团队凝聚力。

优点：以亲身经历的案例做培训素材，感受深、提高快。

缺点：仅限一个小团队分享，容易"见木不见林"。

教学相长法

笔者在工业（B2B）企业营销实践中体会到：有心的业务人员在经过初步的培训后，进入一线走访，在与大量终端客户和经销商沟通交流后，业务能力会有较大幅度的提升。一方面，他们更加清晰地认识到了用户需求和产品价值；另一方面，他们会本能地将基础培训和自我观察所获得的关于企业、产品、市场等信息融合进自己对产品优势、对满足用户需求的理解中，从而形成一整套自己的"销售逻辑"，并随着时间的推移，不断精炼，使之成为自己闯荡市场江湖的"屠龙刀"和"倚天剑"。

优点：用实战之火锤炼出的真金，有战斗力，能迅速提升成绩。

缺点：可能使部分业务人员产生挫败感，打击其信心。

树立内部标杆，明确绩效考核

工业（B2B）企业未来发展方向是什么？中期市场规划如何？近期采取什么策略？销售人员应该怎么做？阐明这些问题需要的不仅仅是引导，更需要监督和考核——"想要什么样的结果，就要考核什么"——树立榜样和标杆，明确绩效考核指标和方法是最有效的培训方法。销售团队负责人可以根据阶段性的考核结果组织针对性面谈，就具体考核点的成长和提升给予指导和培训。

优点：涉及自身利益，培训效果好，督促业务人员坚决支持公司市场战略。

缺点：系统规划和设计难度大，对管理能力要求高。

自我修炼法

自我修炼法是所有销售精英成长的必由之路。

至今还有大量的工业（B2B）企业销售人员认为工业（B2B）企业销售就是"拉关系"。诚然，在工业（B2B）企业销售领域，"关系"是至关重要的资源，但相比于 10 年前，关系的内涵已经悄然改变——关系意味着好的产品品质、企业品牌、销售商誉，而不仅仅是个人利益。正因为如此，自我修炼是每一个致力于从事工业（B2B）企业营销的市场人的必然选择。

作为工业（B2B）企业或者营销团队的管理者，可以结合企业市场发展阶段和具体形势，有计划地推荐适合的书或视频给具体的销售人员（具体实施中，可以企业付费，员工自学，主管领导辅导），帮助他们正确认识问题，有针对性地解决问题，实现企业发展和员工成长的双赢。

优点：针对性强、成本低、可制度化运作。

缺点：只对善于自学和自省的业务人员有效。

上述 6 种培训方法组织简单、成本低廉、效果突出，尤其适合工业（B2B）企业使用。

中小 B2B 企业样板市场打造六字诀

对工业（B2B）企业来讲，打造经销商样板市场具有重要意义。首先，经销商样板市场具有案例和示范意义：企业招商及市场拓展的思路和方法在样板市场上体现得淋漓尽致，"身教重于言教"，说再多，不如踏踏实实让其他经销商看见。其次，经销商样板市场对工业（B2B）企业具有先导作用：基于双方良好的合作基础及沟通机制，一些新措施、新思路可以在样板市场先试先行，探索出新的机制和模式，再在更多区域市场推广。最后，经销商样板市场是工业（B2B）企业的"桥头堡"和"根据地"：

作为工业（B2B）企业在当地的重要合作机构，它不仅是分销渠道，更是企业形象展示的窗口和行动代言人。因此，打造经销商样板市场在工业（B2B）企业渠道开拓和发展过程中具有举足轻重的作用。笔者总结出工业（B2B）企业经销商样板市场打造六字诀如下。

选：选择对象

对工业（B2B）企业来讲，选对了着力培育的经销商对象就意味着样板市场的打造成功了一半。不怕他规模小，不怕他资金少，也不怕他技术力量单薄，只怕他心思不正，不和你一条心。选择经销商样板市场的培育对象，工业（B2B）企业往往需要考虑到整个市场的战略布局、对目标市场的定位、区域销货特点，甚至渠道负责人的特点等。

定：定位目标

工业（B2B）企业资源有限，经销商样板市场的打造要有清晰定位。是期待其在区域市场或部分产品中发挥其示范作用还是寄希望于在全国或全系列产品中发挥其影响力，有很大区别。定位是市场营销活动的总纲，失之毫厘，谬以千里，一定要慎之又慎。

形：形象塑造

如同人的身份地位与形象气质相匹配一样，经销商样板市场的打造也要充分体现其定位和内涵。工业（B2B）企业市场部需要根据定位来为经销商样板市场设计标准化形象。

器：工具定制

定制化的销售工具是经销商样板市场开拓与深耕的必备利器——为区域市场重新安排产品组合，对主销产品重点推介，并采用当地化的应用案例等，更方便经销商业务人员演绎和使用，以达到更好效果。

训：人员培训

归根结底，经销商样板市场与终端客户的接触点仍然是业务人员，因此，市场定位及产品优势需要借由业务人员通过定制化的工具来展示。人员培训是强化这一系统的关键举措。

工业（B2B）企业市场部要针对经销商样板市场的特点及业务人员的水平，因材施教，设计合理的培训方案，以预先设定的定位目标为依据，不断提升其业务能力，确保经销商样板市场高质量运行。

推：市场推广

"酒香也怕巷子深"，何况，经销商样板市场本来就为市场推广而生，从工业（B2B）企业市场规划的角度来讲，高效运营的经销商样板市场是企业市场推广的重要工具，是企业渠道策略成功运作的重要展示载体，因此，工业（B2B）企业市场部在打造样板之初，就要为将来如何推广制定好策略，所谓：不仅要会做，还要会说。

工业（B2B）企业样板市场推广十法

常常听到这样的说法："一个有说服力的样板市场胜过几次招商活动。"笔者以为：此言非虚。工业（B2B）企业用心打造的经销商样板市场往往在区域市场运作中如鱼得水，拥有高素质的业务团队及良好的客情关系，具有良好的发展潜力，具有代表性、示范性，容易被模仿和学习。因此，一个运作良好的经销商样板市场的打造，能在工业（B2B）企业渠道拓展中发挥事半功倍的作用。

打造经销商样板市场殊为不易，用好尤为关键。经销商样板市场推广可以采取如下 10 种办法。

人员拜访和宣导

对工业（B2B）企业来讲，经销商样板市场的推广离不开销售人员的拜访和宣导。作为业内成功经验的典范，其他同行或有意加盟的企业也会乐于了解和学习其成功经验，销售人员的讲解能让他们近距离地感受将获得的利益。

行业媒体广告

工业（B2B）企业市场部可以通过恰当的广告策划，向样板经销商进行重点推介，在重点招商地区投放等方法，吸引更多有意愿的加盟商前来咨询。

行业媒体专题报道

让样板经销商市场的经营者现身说法无疑会让潜在加盟商很感兴趣：通过行业媒体专访、专题报道来解答潜在加盟商的诸多疑虑，无疑可以大大缩短公司与潜在加盟商的心理距离。

行业协会年会

相关行业年会往往是备受业界关注的焦点，工业（B2B）企业可以通过做报告、做赞助等方式借助经销商样板市场的成功案例进行招商推广。

行业性展销会

国内会展业近年来发展迅猛，是行业信息和资源的集中地。这对工业（B2B）企业来说也是一个非常好的平台。工业（B2B）企业可以通过行业性展销会进行招商推广，尤其是针对一些样板经销商市场相关特定区域进行推广。

区域性技术研讨会

工业（B2B）企业市场部对样板经销商市场提出的举办区域性技术研讨会等要求要给予积极响应，对内形成对经销商市场的有力支持，对外抓住推广样板市场的这一有利时机。

经销商学习会（或者经销商年会等）

工业（B2B）企业组织经销商针对样板市场进行学习是最常规的推广方法之一。参观和学习样板对已经在经营的经销商的渠道管理有积极的示范作用；对期待加盟的经销商可以更加坚定其信心，并获得一个较高的起点。

企业简报推广

企业简报是扩散经销商样板市场影响力的常规工具。树立先进、督促后进，不断将企业优秀的管理理念透过这样的渠道传递出去。

网络专题推广

网络是相对开放的媒体平台，工业（B2B）企业在经销商样板市场推广中要对这种成本低、影响面广的推广平台予以足够关注。

数据营销推广

通过数据库进行潜在经销商信息挖掘和开发是经销商样板市场推广的一种新途径，具有覆盖面广、成本低、定位精准的特点。

如何防止客户跟着骨干销售流失

相信大多数铸造企业的高层都遇到过这个问题：公司销售明星业绩占销售总额的一半以上，几乎成了公司的"救世主"。于是，公司的许多制度被他公然践踏，正常的工作流程被当成摆设，一条隐形的"绿色通道"在多方迁就下赫然形成。谁让人家是公司的顶梁柱呢？一旦哪里不顺心，一走了之，公司的业绩不就一蹶不振了吗？

真的吗？

或许有个别根基不稳的企业会，但绝大多数企业不会。在铸造行业营销中，关系的重要性毋庸置疑，但关系不代表一切，尤其是个人关系。销售精英跳槽者众多，但很少听到一个人跳槽就导致一家经营规范的公司轰然倒下的传闻。事实证明，在铸造行业营销中，关系的基点是企业品牌和铸件加工及服务能力，所以，如果一定要问：如果明星销售跳槽了，大客户会跟着走吗？那需要企业自省：在目标市场中，你的企业品牌影响力是否超过销售个人影响力？

有没有方法一劳永逸解决这个老大难问题呢？

有！坚持"两手抓，两手都要硬！"

左手是品牌建设，这需要铸造企业市场部基于公司资源做长期规划和建设，前文已经详述；右手是管控，具体措施如下。

采用 CRM 客户信息管理系统

系统详细地记录销售人员与客户联络、见面的地点，会谈事项和结果及下一步跟进计划等，以掌握销售人员的基本工作状况。当然，对许多大设备销售型中小铸造企业，一开始就运作较为复杂的 CRM 系统可能不符合企业实际，老问题没解决反而增添了不少新问题，那么，初期可以建立销售工作周报和月报制度，用定期表格汇报的方式来解决。

专人进行客户管理和维护工作

有经验表明：铸造企业开发一个新客户所花费的成本大大高于维护一个老客户的成本。事实上，大多数铸造企业销售的新业绩也往往来自老客户的推荐和协助。《世界经理人》杂志上有人撰文："一家企业合理的预算结构是 60% 的预算用于当前的客户（用户），30% 的预算用于获得新客户，10% 的预算投入公司和产品的品牌建设和推广。"可见，企业委派专人进行客户管理和维护工作，不仅能有效管理客户信息，还将带来诸多潜在收益。

建立完备的销售工作交接制度

必须明确：销售工作交接是公司资源的让渡，不是个人资源的奉献。如果有销售人员离职，必须对自己管辖区域内的市场情况做出书面报告，并对离职前未成交的客户分出意向等级和说明未成交原因。

此外，应尽快安排合适的人手对区域市场进行交接，并在第一时间与客户沟通。

最后，与销售人员做好离职面谈，这一点至关重要，以避免其离职后做出对公司有损害的过激行为。

定期进行销售培训

对销售人员定期进行销售技能和产品知识的培训，一般可采取外聘讲师、相关职能部门交流和销售明星经验分享等形式。这不仅能提高销售团队的整体战斗力，也能将宝贵的销售经验和知识留住，形成公司层面的标准和流程，从而让公司和销售团队在日积月累中成长壮大。

合理的薪酬体系和激励机制

铸造企业对销售团队的承诺一定要及时兑现，不得随意修改销售计划下达时所达成的协议和约定。设计合理的薪酬体系和激励机制，不仅要给予恰当的收入回报，而且要设置畅通的晋升机制，让销售团队获得较高的公司地位，让其看到成长的方向。

综上所述，只要铸造企业市场部的工作做到位，企业品牌影响力不断提升，销售和渠道的管控科学合理，"大客户会跟着销售走"注定是个伪命题！

本章小结

销售支持工作是工业（B2B）企业市场部凸显自身价值最直接有效的方法——销售业绩可持续增长是整个公司经营绩效与成果最终的检验依据，市场部的工作也不例外，因此，真正深入到一线，支持和引导销售团队更高效地完成业绩指标，达成公司老板(高层)的战略意图，是工业（B2B）企业市场部的重要任务。本章即是从市场部如何"立地"——支持销售工作的角度出发，就几个关键点帮助从业者做了总结和梳理。

下一章，我们将一起探讨工业（B2B）企业市场部日常运营与管理的工作方法和技巧。

第十二章
日常运营与管理

笔者在实际工作中观察到：工业（B2B）企业市场部往往成员比较精干，虽然人数比较少，但却需要"顶天立地"——承担着诸多对外沟通和代表公司发声，对内协调和代表营销团队说话的职责，真所谓"麻雀虽小，五脏俱全"。

因此，团队内部的管理就必须有规矩、有章法，方能忙而不乱。

本章就是将工业（B2B）企业市场部日常运营和管理中的一些要点进行了梳理和总结，方便市场部在工作过程中有所参考。

工业（B2B）企业市场部管理六大基石

工业（B2B）企业市场部负责人可以参照这 6 个方面来做好部门日常运营和管理工作。

部门规划

部门规划主要有两项工作：一是明确设立部门的宗旨，二是明确部门的职责。相对于其他部门来讲，在工业（B2B）企业里，市场部的设立受多方面因素的影响，尤其是思想认识上的不统一，造成"1000 个设立市场部的工业（B2B）企业就有 1000 种不同的市场部设想"，因此，对具体的工业（B2B）企业来讲，市场部部门管理要做的最重要的一件事情就是部门规划。从某种意义上来讲，工业（B2B）企业市场部，成也部门规划，败也部门规划。

首先要思考的是：公司为什么要设立市场部？市场部的核心价值是什么？

其次要思考的是：通过承担哪些职能和职责，采取哪些措施和方法，能使市场部实现自身价值，达到设立的初衷？

与此同时，还需要根据企业的发展阶段和资源状况清晰界定：哪些职责是该市场部负责和主导的，哪些职责是由市场部配合和协调的？

只有公司上下对工业（B2B）企业市场部的规划有较为统一的认识，市场部才有可能应用自己的核心能力实现部门设立的预期目标。否则，众口难调，再优秀的团队也无法取得大家的一致认可。

设立年度工作目标

工业（B2B）企业市场部的年度目标设定是结合公司年度战略规划将部门规划中所设定的职能和职责具体化的过程，要根据企业的发展状况兼顾当年业绩的实现与长远市场的发展。

对为数众多的工业（B2B）企业来讲，建议在设立市场部年度工作目标时，以销售业绩目标作为"标靶"，根据部门职能规划，结合企业现有资源，推导出需要采取的市场措施与行动。然后再以市场长期发展的维度来审核这些措施与行动，最终确定部门年度工作目标。

人员分工与流程控制

根据部门年度工作目标，工业（B2B）企业市场部就可以将任务分解到人，并通过相应的流程加强过程控制，如编制年度任务进度计划表等，确保年度目标顺利实现。

这里需要特别注意的是：大多数工业（B2B）企业市场部的人员配额较少，每个人可能需承担多项职能，团队成员之间甚至与其他部门同事之间的合作机会非常多，需要市场部成员有较强的组织协调能力。

人员管理

人员管理是工业（B2B）企业市场部部门管理的"重头戏"，下面从"选育用留"四个方面来逐一说明。

"选人"：工业（B2B）企业市场部必须珍惜每一个人员配额。在招聘时：第一准则是定位要精准，对用人需求、选人要求思路要非常清晰；第二准则是看人要客观，必要时可使用测评工具。

"育人"：是工业（B2B）企业市场部最为关键也是最有难度的一个环节。由于各工业（B2B）企业对市场部的定位千差万别，每个市场部新人的到来，几乎都需要从认识上重新建立工业（B2B）企业市场部的概念，俗称"洗脑"，对已经有自己一套工作思路和方法系统的新人来讲，这种"否定之否定"的过程殊为不易。

"用人"：能有意识选择做工业（B2B）企业市场部工作的人才，一定是思维敏捷、富有创意的，并对自己的职业生涯有较高的期待。对这样成就感驱动型的人才来讲，充分信任和授权，尽早给予其独立运作项目的机会和实现其想法和创意的空间，是最能激发其工作主动性和创造性的。

"留人"：工业（B2B）企业市场部应该积极为团队成员争取尽可能公平优越的物质保障和收入回报，以解除其后顾之忧；建立良好的部门文化，多组织一些活动，让员工更有归属感；创造良好的学习氛围，让成员感觉到自己的进步和成长；创造升职的潜在机会，让成员对未来充满希望……

文档管理

工业（B2B）企业市场部是公司形象对外展示的重要窗口部门，也是市场营销系统重要文档生成和发布的重要源头，其文档管理是部门管理工作的重要组成部分。一般需要遵循如下几项原则。

（1）统一的文档命名规则：易于检索，管理简单有效。

（2）统一的专用文档模板：作为VI系统的子项目进行系统管理，以规范公司形象。

（3）规范的分类分层管理：方便查找，便于协同作业。

（4）严格的对象权限设置：保护公司商业机密不外泄。

财务管理

工业（B2B）企业市场部的工作从宏观战略规划到微观跑腿执行，涉及面广，门类繁杂，因此，其财务管理与控制显得非常重要。从年度伊始的年度部门预算开始，部门需要安排专人负责每一笔业务往来的核销和记录，并不断评估各项费用的投入回报率，以持续优化所采取的市场措施和推广方法。

建立和不断优化上述 6 个管理系统的过程，也正是工业（B2B）企业市场部不断成长和壮大的过程。

市场部物料管理制度与模板

具体举例如下。

【参考模板】

B公司市场物料管理办法

一、目的

为了加强公司市场物料管理，确保库存数据准确，规范入库及领用流程，特制定本办法。

二、适用范围

适用于销售部、市场部等需要领取市场物料的部门。

三、内容

1. 计划和采购

市场专员依据市场需求或应公司要求，制订采购计划，填写"B 公司市场物料采购计划表"，报请市场部经理批准后，向供应商下达采购计划并跟踪制作进度。

2. 验收和入库

市场专员依据"B公司市场物料采购计划表",严格审核供应商所提供的物料,认真核对名称和数量,妥善安置并将信息录入档案"B公司市场物料库存目录";

3.保管和盘点

市场物料入库后,需按照不同类别、性能、特点和用途分区摆放,做到"二齐、三清、四定位":

"二齐"——物资摆放整齐、库容干净整齐;

"三清"——货物清、数量清、规格标识清;

"四定位"——按区、按排、按架、按位定位;

市场专员负责定期(1个月)盘点,更新"B公司市场物料库存目录"。

4.领用与出库

市场物料领用须严格登记,市场专员负责按领取人每日记录物料出库情况,填写"B公司市场物料领用明细"。

相关表格:

B公司市场物料采购计划表(见表12-1);

B公司市场物料库存目录(见表12-2);

B公司市场物料领用明细(见表12-3)。

表12-1 B公司市场物料采购计划表

编号:2012-×××

序号	名称/规格	预估使用时间	供方交货日期	计划采购量	单价	总价
1						
2						

续　表

序号	名称/规格	预估使用时间	供方交货日期	计划采购量	单价	总价
3						
4						
5						
6						
7						
8						
9						
10						
合计						
备注						

统计：　　　　　日期：　　　　　　　　　　审核：　　　　　日期：

表 12-2　B公司市场物料库存目录

物品名称	期初	1月	2月	3月	4月	5月	6月	7月	8月	9月	10月	11月	12月
样本													
……													

表 12-3　B公司市场物料领用明细

序号	物料名称	领取数量	领用人	领用日期	备注
1					
2					

开好部门例会的"三板斧"

目前，大多数工业（B2B）企业的市场部人数都不多，却往往被赋予了林林总总一大堆职能，为了高效迅速地完成这些"项目"和"任务"，开好部门会议至关重要。问题是：少数的几个人有必要一本正经地开会吗？怎么才能让部门会议开得有效率、有质量呢？

首先要回答的是有没有必要的问题。答案非常肯定：有必要！无论平时部门成员之间的交流是如何的"亲密无间"，作为市场部负责人，你都有必要定期召开例会、专题会等。

"没有规矩，不成方圆"，即使是"一主一辅"的两人团队，定期召开部门会议也会使部门工作的节奏感加强、凝聚力增强、沟通更顺畅、感情更融洽、战斗力更强。

其次要说的是部门会议的质量和效率问题。为了不让部门会议占用太多时间，又能充分沟通和达到会议的目的，采用如下"三板斧"式的部门会议组织方法，将事半功倍。

明确主题

部门负责人必须在开会前就定好会议主题和组织方式：

（1）本次会议的主题；

（2）采用的沟通方式；

（3）需要参加的人员；

（4）会议的时间和地点；等等。

最好在会议开始前一定时间先将会议主题通知相关人，让其充分了解和做些准备。总之，良好的会议主题设定和策划组织是部门会议成功的基本保证。

确定议程

市场部负责人还应在会议前确定好会议的议程，以避免"跑题"和造成时间浪费，甚至"节外生枝"。一般组织者需要确定：

（1）需要讨论哪些议题，如何安排次序；

（2）要安排哪些事项，可能会有哪些障碍；

（3）要重点抓住哪些"关键人"，如何及时引导讨论方向，控制议程节奏，等等。

会议"跑题"是非常容易出现的情况，策划和控制好会议议程是保证部门会议高效、高品质的"法宝"。

总结升华

会议总结是部门会议的重头戏。一方面，要根据讨论情况，提炼出如下要点：

（1）项目责任人、工作要点、完成时间等；

（2）将讨论达成一致的成果做总结和确认。

另外，需要安排人做好会议纪要。

最后，"麻雀虽小，五脏俱全"——不要以为"兵少"就不需要鼓舞士气。做"思想政治"工作，尤其是对市场部这种主要靠成就感来激励的部门来说，一个好"领导"是保证部门工作长治久安的"秘诀"。部门会议在进行中，尤其是在总结时，千万不要忘了肯定、鼓励和表扬，还要恰如其分地强调当前工作的重要意义，从宏观上展现美好蓝图，等等。

工业（B2B）企业部门例会的 5 项常规内容

部门例会沟通是工业（B2B）企业部门管理的一项重要举措，是工业（B2B）企业内部统一思想、明确方向、化解纷争、检讨工作得失、分享经验、正式授权和安排工作任务的主要方式，科学合理的部门例会制度可以成为部门增强凝聚力、提升战斗力的"发动机"。一般来讲，工业（B2B）企业的部门例会主要有以下 5 项常规内容。

听取工作汇报和问题反馈

尽管工业（B2B）企业的成员之间一般沟通都比较频繁，作为部门负责人掌握情况也会比较及时，但部门例会作为正式工作平台，还是要留出足够的时间让每个成员做全面的工作汇报，一方面促使成员自己反思工作得失和改进方法，另一方面让团队成员加强彼此之间工作状况的了解，以统一认识，建立沟通基础。再者，部门负责人认真听取成员工作汇报和反馈上来的问题，也便于及时给予处理和指导，从而提高团队成员的工作积极性，增强团队凝聚力。

阶段工作成果检核和评价

配合前一期工作例会所做的计划和安排，对成员的工作成果进行检核：有没有按期按量完成，有没有对整体进度造成影响，执行过程中出现什么变化，等等。要对每项工作安排做出审慎评价。完成或超额完成的要给予鼓励甚至奖励；没有完成或打折扣的要帮助其分析原因，提出改进意见。

阶段工作总结和经验分享

善于总结经验并从中提炼方法和流程是工业（B2B）企业得以迅速成长的一条重要通道。因此，要积极鼓励团队成员乐于和善于做工作总结和经验分享。部门负责人要善于"点石成金"——指导团队成员将其经验上升为工作流程，并通过表格和文件的形式将其标准化。这样，不仅能大幅提高部门工作效率，更能激发相关员工的工作热情。

培训和学习心得总结和分享

将培训成果和学习心得交流纳入部门例会是工业（B2B）企业的一大特色——一个富有创造力、充满战斗力的部门一定是一个学习型的团队。部门负责人有责任引导和安排团队成员进行周期性（如铸造产品技术和知识等）和有针对性（如网络营销等）的培训，并对培训效果进行监督和考评。

下期工作计划和安排通报

对下期工作的计划和安排往往是部门例会的重头戏。它不仅确立了团队整体和成员个人下期的工作目标，也是工作检核的标准和依据。每一个PDCA流程的完成都不仅仅是工作成果的增加，更是工业（B2B）企业团队成长的重要历程。

制定合理的部门例会制度，充分利用部门例会平台进行业务和学习沟通及交流是工业（B2B）企业团队处理问题、积累互信、分享成果、共同成长的重要途径。

市场部例会制度与模板

具体举例如下。

【参考模板】

S公司市场部例会制度

一、目的

为了加强市场部部门内部沟通与交流，提高工作效率和管理水平，特制订本办法。

二、适用范围

适用市场部及涉及项目协作的其他部门员工。

三、内容

1. 例会时间、地点、主持人和参与人

（1）例会时间：每月25～28日之间，上午10:00～11:30。

（2）例会地点：工厂二楼会议室。

（3）主持人和参与人：Kevin、David、Mark、Linda（相关会议需安排其他部门人员到场）。

2. 例会主要内容和议程安排

（1）听取工作汇报和问题反馈（S公司市场工作总结模板）；

（2）上期工作成果检核和评价（S公司市场部任务清单与工作检核表）；

（3）整体工作总结及经验分享；

（4）下期工作计划和任务清单；

（5）部门培训和学习心得分享；

3. 例会纪律要求

（1）与会人员在会议前做好会议准备（总结报告、任务清单、分享提纲等）。

（2）市场部专员负责做好会议记录（S公司市场部会议记录模板）。

（3）会上允许持有不同观点和保留意见，鼓励提出各种意见和建议，但一旦在会上形成决议，无论个人同意与否，都必须认真贯彻执行。

（4）会议时长应严格控制，不得任意拖延会议时间。

相关表格：

S公司市场工作总结模板（见表12-4）；

S公司市场部任务清单与工作检核表（见表12-5）；

S公司市场部下期工作任务清单（见表12-6）；

S公司市场部会议记录模板（见表12-7）。

本办法自2021年3月1日起执行。

表12-4　S公司市场工作总结模板

上期工作总结：	
收获与感悟：	
不足和反思：	
意见和建议：	
下期工作设想：	
需重点改进和提升的项目：	
需要哪些培训或学习：	
备注：请根据需要增加项目和篇幅。	

填表人		日　期	

表 12-5　S公司市场部任务清单与工作检核表

序　号	项目名称	原定完成时间	实际完成情况	备　注
1				
2				
3				
4				
5				
6				
7				
8				
9				
10				
总结和检讨				
改进及措施				

表 12-6　下期工作任务明细表

序　号	项目名称	预订完成时间	任务要求	备　注
1				
2				
3				
4				
5				
6				
7				
8				
9				
10				
备　注				

表 12-7　S 公司市场部会议记录模板

会议名称			
时　间		地　点	
主持人		记录人	
参会人员			
主要议题			
发言记录			
备　注			

本会议记录共　　页

市场部绩效考核制度与模板

具体举例如下。

【参考模板】

S 公司市场部绩效考核制度

一、目的

为了明确部门成员工作目标、提高部门工作效率，确保每位成员为同一个目标努力奋斗，特制订本办法。

二、适用范围

适用全部市场部成员。

三、内容

1.考核目的

改进工作，提升工作效率；获得晋升和调岗的依据；获得确定工资和奖金的依据；获得潜能开发和相关培训的依据；获得员工降职、降薪甚至被淘汰的依据。

2.考核内容

（1）工作指标考核（S公司市场部专员绩效考核表）。

（2）行为指标考核。

（3）每周每月工作总结（S公司市场部专员周工作总结表，月表见例会制度）。

3.考核形式

（1）自我评定与总结。

（2）部门经理考核。

4.考核结果使用

（1）考核结果使用表（略）。

（2）奖惩管理办法（略）。

相关表格：

S公司市场部专员绩效考核表（见表12-8）；

S公司市场部专员周工作总结表（见表12-9）。

本办法自2021年3月1日起执行。

表 12-8 S公司专员绩效考核指标设定表（部门内部）

类 别	项 目	具体任务和量化要求	权 重	备 注
设计类				
公关类				
媒介类				
客户类				

表12-9 S公司市场部专员周工作总结表

报告日期：

时 间	主要工作项目	进展情况	备 注
周一			
周二			
周三			
周四			
周五			
进展情况分析			

时　间	主要工作项目	进展情况	备　注
新思路&新想法			
下周工作计划			
对公司和部门发展的意见和建议			

本章小结

　　万丈高楼平地起，可能在很多人心目中，优秀的市场部干的都是运筹帷幄、决胜千里的"大事"，甚至工业（B2B）企业打造强势品牌也应该是一场轰轰烈烈的"大阵仗"，其实，真正的品牌运营工作往往是琐碎的，是从很不起眼的一点一滴积累起来的。外人看见的都是舞台上的十分钟，却往往忽视了台下的十年功。

　　工业（B2B）企业市场部通过日常运营与管理的六大基石打好基础，在老板（高层）的战略意图指引下，整合公司内外部市场资源，有效支持销售一线作战，最终帮助公司实现业绩可持续增长，在润物细无声的积累中，做时间的朋友，终将会迎来公司业绩辉煌灿烂的那一刻。

致　谢

Acknowledgement

感谢叶雯菁老师、吴晓波老师和蓝狮子文化创意股份有限公司的大力支持和推动,终于让我的第二本书《成长型企业如何打造强势品牌》得以问世!

第一本书《工业品市场部实战全指导》于2015年出版后,受到广大从业者的肯定和认可,让我收获了与全国众多专家老师和工业企业家、市场营销从业者的友谊,以及专业方面的进步和成长;此后,我在面向数千家工业(B2B)企业提供陪伴式顾问和培训服务的过程中,曾经无数次想把成形的方法论和优秀企业的最佳实践提炼和总结成书,但总是被各种事务打扰或打断,心里总有一些隐隐的遗憾。

今天，终于得偿所愿，很开心！

回望来时路，石金岩老师、阮竞兰老师及核理化院孟琰斌院长、胥和平主任和萧爱、李云鹏先生在我的成长过程和职业生涯中给予了无私的指导、鼓励和帮助，我将终身铭记在心；专业学习中，丁兴良老师、张进老师、张东利老师、陆和平老师、高建华老师、付遥老师、王磊老师、崔自三老师、张长江老师、刘祖珂老师、汪奎老师等的培训课程和研究成果给了我很多启发，深表感谢！

2020年2月12日到3月31日为期49天的"助力中小企业防疫抗疫"公益活动中，杨磊、李伟旗、李红霞、王向锋等数百名专家老师和机构负责人凝心聚力、精诚合作，为广大中小微企业义务提供在线咨询和培训服务，最终完成58个咨询项目、为全国50多家机构提供近千人次的公益在线直播授课服务，在此，作为发起人，我深表谢意，并将尽我所能，朝着我们共同的"星辰大海"，继续努力！

为了践行"为工业企业解决营销难题"的使命，除了深入工业企业一线做咨询和培训实践，我还在香港大学BMM项目、巴黎高商智能制造DBA项目中以及和君商学院等专业机构进行学习，感谢这些项目和专业机构帮我创建和丰富了工业品牌营销体系，尤其感谢我的博士生导师——上海交通大学周洁如教授，授我以渔，让我的专业研究更加科学严谨！

"相互成就"是河南金太阳精密铸业股份有限公司宋向阳总经理对我们多年合作关系的评价，同样支持我能有今天一点小成绩的还有鑫工艺（上海）材料科技有限公司卜伟总、天津炬实刘博总、上海铭成锦范金陵总、天津康富斯黄胜总、宁波凡天医疗钱总等企业家，感谢他们以及更多的优秀客户，我深信：好客户是最好的老师！

感谢我的爱人林尧，感谢大虎、跃跃，感谢我们一家相互扶持，共同成长！